和平教育
PEACE EDUCATION
刘成 主编

UNESCO Chair on Peace Studies
NANJING UNIVERSITY
People's Republic of China

校园
修复性
管教

The Little Book of Restorative Discipline for Schools

[美] 洛林·斯塔茨曼·阿姆斯图茨
[美] 朱迪·穆莱特　著
尚媛媛　译

南京师范大学出版社

图书在版编目（CIP）数据

校园修复性管教 /（美）洛林・斯图茨曼・阿姆斯图茨,（美）朱迪・穆莱特著；尚媛媛译 . -- 南京：南京师范大学出版社,2024.4
（和平教育书系 / 刘成主编）
书名原文：The Little Book of Restorative Discipline for Schools
ISBN 978-7-5651-5516-1

Ⅰ.①校… Ⅱ.①洛…②朱…③尚… Ⅲ.①学校教育—研究 Ⅳ.①G4

中国版本图书馆 CIP 数据核字（2022）第 252104 号

The Little Book of Restorative Discipline for Schools by Lorraine Stutzman Amstutz and Judy H. Mullet
Copyright © 2005, 2015 by Good Books, an imprint of Skyhorse Publishing, Inc.
Published by arrangement with Skyhorse Publishing
through Andrew Nurnberg Associates International Limited
Simplified Chinese Translation Copyright © 2024 Nanjing Normal University Press
All rights reserved
本书简体中文版经授权由南京师范大学出版社出版发行
著作权合同登记号　图字：10-2022-393

丛 书 名	和平教育书系
丛书主编	刘　成
书　　名	校园修复性管教
著　　者	［美］洛林・斯图茨曼・阿姆斯图茨　［美］朱迪・穆莱特
译　　者	尚媛媛
策划编辑	郑海燕　王雅琼
责任编辑	刘双双
书籍设计	瀚清堂 | 李木以　陈冰菁
出版发行	南京师范大学出版社
地　　址	江苏省南京市玄武区后宰门西村 9 号（邮编：210016）
电　　话	(025)83598712（编辑部）83598919（总编办）83598412（营销部）
网　　址	http://press.njnu.edu.cn
电子信箱	nspzbb@njnu.edu.cn
印　　刷	南京新世纪联盟印务有限公司
开　　本	889 毫米 ×1194 毫米　1/32
印　　张	4.25　字　　数　76 千
版　　次	2024 年 4 月第 1 版
印　　次	2024 年 4 月第 1 次印刷
书　　号	ISBN 978-7-5651-5516-1
定　　价	35.00 元

出 版 人　张　鹏

---

* 南京师大版图书若有印装问题请与销售商调换
* 版权所有　侵犯必究

致谢

发自内心地感谢我的丈夫吉姆。是他的鼓励与支持，使我成为我能够成为的自己。同样感谢我的孩子们，所罗门、乔登和莉亚，他们坚定地支持我、践行我所信奉的一切。

——洛林

感谢我的母亲，是她教会我成为一名和平艺术家，无论我从事什么职业。感谢我的父亲，是他教会我不要轻易批评一个观点，除非我更加充分地思考。感谢我的家人对我温柔以待。

——朱迪

同时感谢那些为这本小书给予我们灵感、建议以及建设性观点的人。特别感谢霍华德·泽尔，感谢他一直以来的鼓励。

——洛林和朱迪

译者序

尚媛媛

作为一名中学英语老师，我经常听到周围有同事，或者做老师的朋友抱怨，现在的学生越来越难管，管起来严不得、松不得，严了学生吃不消，家长也不接受；松了家长不满意，学校也不满意。好像情况的确如此。随着社会的发展，法治越来越深入人心，家长的维权意识，甚至是学生的维权意识都有很大的提升。但学生的各种问题似乎是学生管理部门永远无法清零的内容。随着问题的层出不穷，学校、老师制定出的各项管理、惩戒条例也越来越细、越来越多。从最简单的抄写多少遍作业到教室里罚站，到写检查、通报批评、记录在案、留校察看，极其恶劣的也会被开除学籍。即便这样，学生管理工作依然不能让人满意。

既然惩罚并不能解决发生在学生身上的各种问题，甚至还会弊大于利，为什么还会有如此多的学校和老师依然要惩罚学生呢？这本《校园修复性管教》针对上述现象给出的解释是：因为惩罚"快捷、容易实施，也达到了'至少要做点什么'的标准"。但是，除了惩罚，我们还能做得更好吗？

我们自己也曾经是孩子，还记得这一路成长的经历。每个年代都不尽相同，如果简单复制我们当年的成长（成功）经验，然后拷贝运用到今天的孩子身上，哪怕有所提炼，多半也往往遭到孩子的嫌弃。毕竟，时代背景、思想开放度、思维活跃度以及视野都大不相同了。但有一点是永远不变的，那就是人一定会犯错误，且有多种理由，孩子也一样。那么，到底制定什么样的学校管教措施、遵循什么样的原则、基于什么样的价值观，可以帮助学生、家长和老师共同面对孩子成长过程中不可避免的问题，促进共同进步呢？

本书从修复性正义出发，将校园修复性正义作为一种思想体系和准则指导学校教师、管理者在共情、包容、理解的基础上，运用不同形式的修复性管教措施阻止并预防孩子们的不当行为，同时联合家长、社区帮助孩子学会自我管理、善待他人、培养责任感，以便将来能够更好地学习、生活、成长。

这本书不仅帮助我全方位了解了什么是校园修复性管

教，还为我提供了一些可以直接运用的修复性模式和方法，并根据我所在的学校和学生特点，帮助创建我的"和平课堂"。在这样的课堂中，我将和我的学生一起度过一段他们人生中最纯真、最欢乐的青少年时光。我相信，这本书也一定会带给我的同行们很多启发，带给家长们很多收获。

目录

1	**引言**	1
2	**为什么要修复性管教**	11
	管教的作用	13
	修复性管教的关键目标	14
	惩罚的作用	16
	修复性正义的作用	19
	修复性管教的其他基础	26
	一个从惩罚到修复的连续体	29
3	**修复性管教的价值观和原则**	35
	修复性正义	37
	修复性管教	38
	修复性管教标准	42
4	**通往一个可修复的环境**	47
	和平学校的特点	52
	灵活的政策	63

5 修复性管教的模式和应用　　　　　　　　67

　　　　　　　全校性质的培训方式　　　69
　　　　　　　停学之后的重新融入　　　70
　　　　　　　班级会议　　　75
　　　　　　　对话圈　　　77
　　　　　　　对话圈进程中的基本要素　　　79
　　　　　　　召集会议　　　88
　　　　　　　逃学调解　　　92
　　　　　　　欺凌　　　96

6 下一步构思　　　　　　　　105

　　　　　　　全校参与方式　　　107
　　　　　　　能够起到修复作用的管教　　　110
　　　　　　　修复性措施　　　112
　　　　　　　公民在行动　　　114
　　　　　　　一个挑战　　　115

推荐阅读　　　　　　　　117
译名对照　　　　　　　　123

1

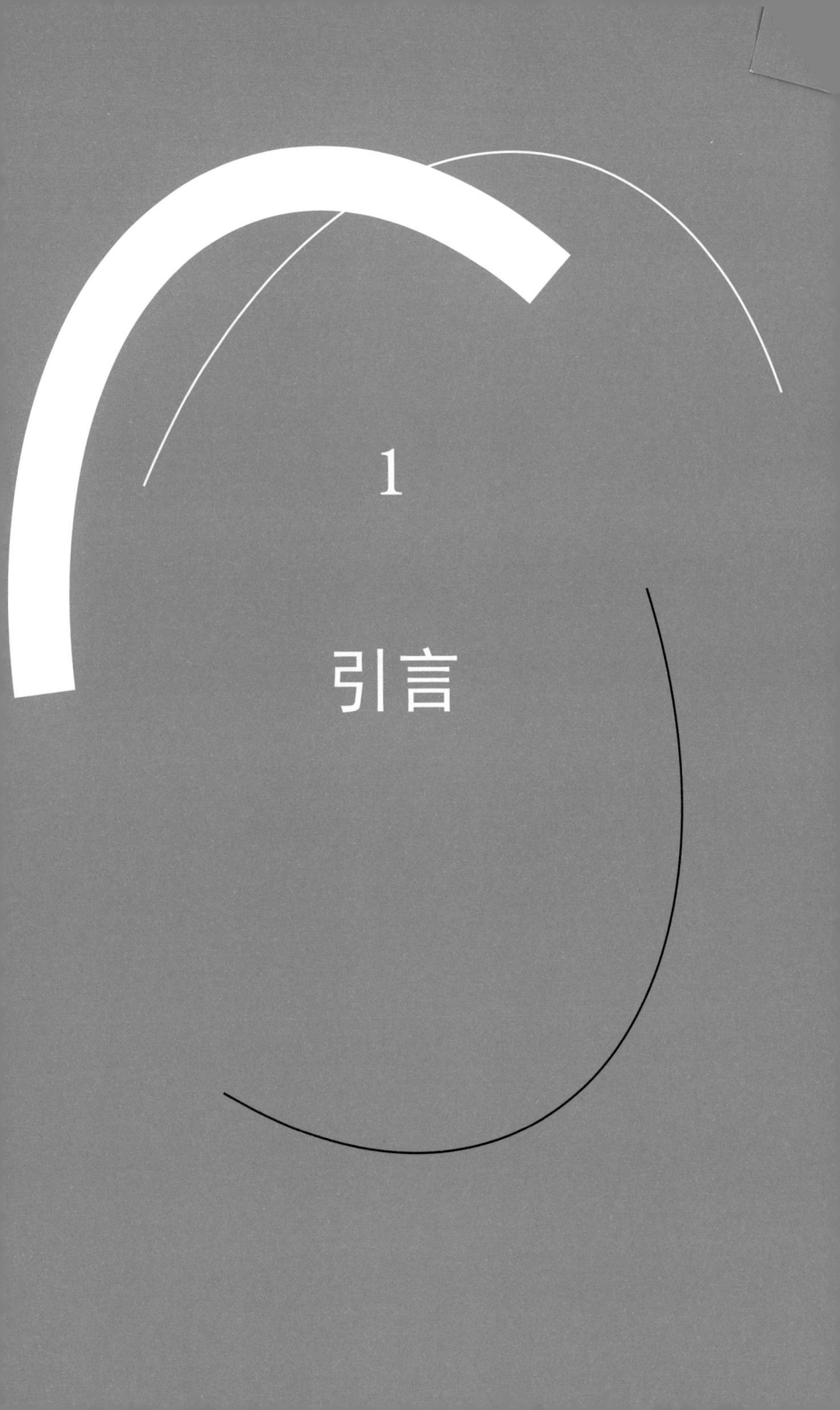

引言

> 教育的秘密在于尊重学生。
>
> ——拉尔夫·瓦尔多·爱默生

现实要求我们的学校管教能够真正促进学生学习、成长以及社区建设。这样的观点来自《关爱：来自女性伦理与道德的教育方式》一书的作者内尔·诺丁斯："教育的目的是展示出一个可实现的、比目前的自己更加可爱的自我形象。"[1] 因此，我们需要从不同角度全方位地思考对相关行为的管教，而非把管教仅仅作为一种惩罚，或者是解决问题的手段。教育以及相关领域内的一系列发展正在朝着这个目标努力。我们特

---

1 Nel Nodding, *Caring: A Feminine Approach to Ethics and Moral Education* (Berkeley: University of California Press, 1984), p. 193.

别要提出两点。

第一,"和平学校"认为,教育是为了社区并来自社区。这一概念已经被广泛接受,并成为教育的一部分,对我们的话题也产生了重要影响。第二,修复性正义的原则和价值观对共同生活在社区和学校的处世方式已有不少论述。在西方文化中,修复性正义起源于刑事司法领域,目前在教育领域内正逐渐被认可并得到运用。

> 修复性管教是一种思想体系或准则。

本书采用了上述提到的概念以及其他概念,提出了一些建议,帮助并指导学校可以使用哪些修复性方法来解决问题。然而,我们并不能提供一个修复性管教的模板,因为模板会将复杂多元的社区环境变得过于简单化。确切地说,修复性管教是一种思想体系或准则,能够指导我们在特定情形下设计方案并做出决定。

我们希望你能仔细考虑修复性正义的价值观和原则,并调整到适用于你的情况。我们相信这样做是在你所处的环境中,对你决心和能力的尊重。

这本小书是我们为教师和学校行政管理人员提供的一项资源，希望它能成为对校园管理的已有知识经验的有益补充。

让我们先从两个小故事开始吧。也许我们当中会有人觉得这些故事难以置信，听起来简直就是空中楼阁。但是我们讲这些故事是想告诉大家，我们倡导的修复性方法在学校可以发挥巨大的潜能，我们所讨论的内容就像播撒种子。

我们没有幻想过使用修复性方法可以解决一切学生问题。我们也有令人沮丧的故事，有很多次处理学生问题时，我们不能确定种下的种子是否会生根发芽。但下面的这两个故事可以表明，鼓舞人心的共情可以培养同情心并激发孩子们做出正确选择的动力。当我们期待孩子们能够替他人着想的时候，各种可能性都可以实现。

曾经有人提出过，面对冲突时我们至少有500种选择。在日常的课堂上，我们甚至没有考虑过这些选择的存在。因为发现这些选择需要我们具备创造性思维和责任感。我们相信这一愿景，可能性虽未经检验，但却是一个全新的、社区教育中经常被忽视的前沿。

希望在你们的教育过程中，这些故事可以帮助培养这样一种远见。

火鸡恶作剧 [1]

当你把五个即将毕业的高中生和五六只火鸡放在一起的时候，你会得到什么？有个条件别忘了，是在半夜三更把他们放在一所空荡荡的高中校园里。答案是：一场灾难。

最初的计划是把几只火鸡从当地的火鸡农场送到一所高中学校，让它们在校园里跑一个晚上，制造一点混乱。但没想到火鸡一进入校园，那些高中男生们开始热血沸腾，并且被从众心理所影响。

几只火鸡被塞进了储物柜，第二天一早直接扑向了毫无防备的学生；一只被宰杀的火鸡血淋淋地被倒挂在了走廊上；还有一只火鸡迷失了方向，一头撞在了落地窗上，扭断了脖子……门卫

---

[1] 由威斯康辛州巴伦县修复性正义项目的康妮·道尔提供。

第二天到学校时,对当时的混乱场面难以言表,摆在他面前的工作也让他感到恐怖至极。

这件事惊动了法律部门,但法官意识到这个小社区长期存在"未能愈合的伤口",法律对此无法处理。因此,这个案子被移交并列入了当地的修复性正义项目,进行会议商讨。

项目组接收案子后要决定除了已经同意出席的五个学生和他们的父母外,还需要哪些人参加会议。最后参加的人员是:全体社区的几位代表,其中一位来自宗教社团;当地教育主管;校长;三位校务委员会成员;三位老师;门卫也被邀请参加;作为社区成员的一位媒体人同样被邀请参加会议。参加会议的人员一共有35人,包括一位总协调人和五位受过培训的社区志愿协调员。

参与首次会议的是五位学生和他们的父母。第二次参加人员包括了社区代表和学校代表,还有那位愤怒至极的门卫。门卫同意参加会议,但表示坚决不参加仅让他举手且一起高唱《欢聚一堂》的会议。

最后一次会议的气氛和第一次一样紧张。学

校代表首先表达了他们对学生行为的气愤情绪，但同时也认可学生身上所具有的好品质。

学生也有机会来陈述当时恶作剧是如何升级并失控的。他们向在场的所有人，包括他们的父母，进行了道歉，并为他们的行为感到羞愧。最后一位学生发言时满脸通红，浑身发抖。他说，他为自己的所作所为感到羞耻，他甚至不敢在大街上行走，更不敢和人有眼神交流。

会议的最后，总协调人问大家还有什么要补充的。门卫举起了手，这时会议室里一片沉寂。他对所有的学生说，"我接受你们的道歉"。然后，门卫转向了最后那位学生："下次你在街上遇到我，你可以看着我的眼睛，因为我会记得今晚的你，而不是之前恶作剧的你。"

关爱的氛围[1]

我曾经访问过一所和平小学，就在访问当天，

---

[1] 由合著者朱迪·穆莱特提供。

这所小学获得了一项州立杰出教育奖。在校长的带领下,我和一群即将成为教师的年轻人兴高采烈地参观了学校。这所学校的教育者们自己设计了学校的建筑。他们坚持对教学楼进行的改造让建筑师们都直皱眉,但他们相信,这样做可以帮助建立一个理想的社区。在这里,一年级学生的家长可以为自己的孩子选择教室,并且选择适合自己孩子的阅读教学方式。家长可以作为助教在教室里工作,社区志愿者在教学楼里也随处可见。

尊重社区传统,学校中央有个文化中心,其中多媒体中心对所有老师和学生开放。学校的好声誉使得想要到这所学校来工作的老师排起了长队。

校长特别指出,他们的学校并没有比同地区的其他学校有更多的资金支持。当我问校长,学校有什么样的管教系统时,校长停顿了片刻,沉思了一会儿说:"我认为我们没有什么管教系统,因为我们的学生没有纪律方面的问题。"在我担任学校心理咨询师和大学教授期间,我访问过四个州的很多所学校,没有一所学校能像这所小学一样，被纳入社区共建，并如此平和。

  随后，我访问了大约一英里以外的另一所学校，即刚才那所小学的毕业生最终有可能会去的一所高中。当我走进学校时，我注意到地板上有个大洞，后来了解到是学生的储物柜被挪走时留下的。因为学生曾在原来的储物柜里放火，储物柜不得不被移到了教师可以随时看到的地方。上课铃响之后，为了挡住调皮捣蛋的学生，老师们会把教室门统一上锁。学校预留有三个房间给学生停课反省。教师流动频率很高。校园里弥漫着怀疑和恐惧的气息。到底发生了什么？同一条路上的两所学校如此不同。关爱又是如何被忘记的呢？

2

为什么要修复性管教

管教的作用

家长和教育工作者重点关注的一点是,如何通过教育与指导帮助我们的孩子成为有担当和关爱他人的人。在这个过程中,提供足够多的、适合的管教是很重要的环节。

"Discipline"(管教)这个词来自古英语,意思是"教育或训练"。管教是教给孩子们生存规则,帮助他们适应并融入社会。适应社会是一个漫长的过程,我们需要帮助孩子克制冲动,培养他们可以和周围人长期相处的社会技能。

管教通常有几个目的。短期来看,管教是用来阻止孩子的不当行为,并解释什么是妥当的。长期来看,管教意在帮助孩子学会对自己的行为负责。当孩子的生活和行为被过度控制时,他们就不会有意识地自我管理，因为有人在帮他们做。因此，管教的长期目的是教孩子学会自我管理。

修复性管教在原有管教基础上增加了一些内容，它能够防止或制止不当行为，以及教给孩子们更多关于生命责任的内容。今日之学校，对那些因他人不当行为被伤害的学生的关爱很少被专门提及。修复性管教可以帮助那些有不当行为的学生面对他们造成伤害的个体和校园。修复性管教不仅适用于那些被卷入不当行为或被不当行为影响的人，也适用于更广泛的教育。

修复性管教的关键目标

1. 认识到伤害，并培养对受害者和加害者双方的同理心。
2. 倾听，并对受害者和加害者的需求做出回应。
3. 鼓励在合作规划的过程中通过反思培养责任感。
4. 帮助受害者（必要的话，加害者也一样）融入社区，成为对社区有贡献的成员。
5. 营造关爱氛围，促进社区健康发展。
6. 伤害发生时可以改变管教方案。

由此，管教成为一个长期过程，有助于引导我们的孩子成为对自己行为负责的人。我们要教育孩子学会自我管理，需要时间、耐心，并且尊重孩子。我们应该投入充足的时间帮助孩子为人生做好准备。

> 管教是培养孩子责任心的长期过程。

在学校中，我们该如何做呢？我们知道孩子的不当行为，并且知道他们如此做是有各种理由的。或许是因为他们正在学习什么是对、什么是错；或许是因为他们难过，受到了打击或是感受到自己被拒绝；或许是在某种情形下感到孤立无助；或许仅仅是因为不够成熟。行为不当经常和特定的阶段性成长有关。

尽管孩子们从一个阶段到另一个阶段的成长会遵循一个总体相似的模式，但每个孩子成长到下个阶段的时间不尽相同。每个孩子都有他们自我成长的时间表，因此每一个孩子的每一个成长阶段都是独一无二的。这也是家长和老师无法预判并真正懂得孩子们的根源所在。

我们知道因材施教是成功的教学。我们相信管教也应该根据学生的需求做个性化调整。这将在后面的内容中详细讨论。

惩罚的作用

纳尔逊、洛特、格伦在他们的书《教室里的正面管教》中问道："我们从哪里得到这么一个不可理喻的想法，让人变好之前要先让他们感觉更糟糕？"[1]通常来讲，惩罚可以暂时控制住一个孩子，但很少能使孩子学会自我管理。有监督者在场或在附近时，孩子会遵守规则，但也只能让他们在短期内服从。惩罚可以使孩子理解规则背后的意义吗？

---

[1] 参见 Jane Nelsen, Lynn Lott, and H. Stephen Glenn, *Positive Discipline in the Classroom: Developing Mutual Respect, Cooperation, and Responsibility in Your Classrooms*, 3rd ed. (Roseville, CA: Prima Publishing, 2000), p. 120.

惩罚通常有负面影响，也很少能教育孩子学会自我管理。

惩罚的负面影响是有充分证据的。[1] 影响之一是遭受痛苦惩罚的孩子会从加害者心理转变为对实施惩罚人的愤恨。被惩罚的学生也会质疑惩罚的意义，并对惩罚人怀恨在心，而非为自己的不当行为承担责任。被惩罚的学生还会有一系列连锁表现：他们怪罪老师，对同伴撒气，消极抵制老师布置的功课。

那么，为什么惩罚始终是学校纪律管理的主导呢？显而易见，其快捷、容易实施，也达到了"至少要做点什么"的标准。老师们把行为失范的学生送到管理

---

[1] 参见 Alfie Kohn, *Beyond Discipline: From Compliance to Community* (Alexandria, VA: Association for Supervision and Curriculum Development, 1996) and John J. Wheeler and David Dean Richey, *Behavior Management: Principles and Practices of Positive Behavior Supports* (Upper Saddle River, NJ: Pearson Education, Inc., 2004).

人员的办公室，仅仅是一通谈话后学生再被送回来，老师们感到心灰意冷。这样的做法也没有达到很好的效果，很多学生不会因此而愿意面对他们造成的伤害，更不会对他们的行为承担责任。这种情况下，为避免更多伤害，惩罚似乎成了一种必需。

这种情况下，某种形式的惩罚或许会起作用。聚焦惩罚作为过渡的方案可以持续提供更多正面解决问题的机会。对一些学生而言，惩罚被看作管教过程中通向健康决策和负责行为的开端。接下来通过确切的计划和负责任的行为改变来代替惩罚措施。支持这些改变的力量来自受不当行为影响的各个方面，包括加害者的朋友和亲戚。

修复性管教和惩罚一样，关注是否有适当的结果，从而鼓励责任感的培养。这里的责任感强调同理心和对伤害的修复。修复性实践还鼓励和社区合作来培养责任感。理想化的程序是：惩罚，或威胁使用惩罚作为最后的手段，以修复作为行为准则和预设。这些是新西兰一直在做的。比如，在他们的青少年司法系统中，第一步就是修复性会议，法庭和惩罚只有在修复性程序失败的情况下才会启用。[1]

修复性正义的作用

修复性正义的概念在过去的 30 年里已经有明确表述。对于有些人来说，它会被用来解决问题和弥补西方法律系统的局限性。受害者、加害者和社区经常会感到法律系统没有满足各方对公平正义的要求，法律系统内部人员有时候也会觉得受害者的要求没能得到回应，而加害者没能得到应有的惩罚。

> 修复性正义强调需求和由此产生的责任，而不是"抛弃"。

修复性正义介绍了不少方法来解决上述问题，不同形式的调解、召集会议、对话圈，这些都是修复性

---

[1] 有关新西兰模式更多信息，参见 Allan MacRae and Howard Zehr, *The Little Book of Family Group Conferences: New Zealand Style* (Intercourse, PA: Good Books, 2004).

管教将会运用到的。同时，修复性正义还提供了不同的视角和态度来看待违法行为，那就是强调需求和由此产生的责任，以及合作共同解决问题，而不只是确保违法者"罪有应得"。

在《修复性正义》一书中，霍华德·泽尔指出，我们在思考解决违法行为时总绕不开三个问题：犯了什么法？谁犯了法？应该如何惩治他们？[1] 这些聚焦在惩治违法者一方的思考无形中撇开了那些受害者。之前我们都看到了，惩罚经常不起作用，甚至引发相反效果。

泽尔提出：要围绕六个指导性问题来运用修复性方法。

修复性方法的指导性问题

1. 谁是受害者？
2. 他们的需求是什么？

1　Howard Zehr, *The Little Book of Restorative Justice* (Intercourse, PA: Good Books, 2002).

③ 谁的责任？
④ 是什么原因引起的？
⑤ 谁在过程中获得"利益"？
⑥ 采用什么样的流程能让利益相关者纠正错误？

泽尔为刑事案件提出了修复性正义的概念。

> 在可能的范围内，修复性正义是个让所有与特定犯罪相关人员都参与进来的过程。在此过程中，大家共同鉴别伤害、商讨需求，履行责任义务，尽最大努力完成修复和纠正工作。

很多人已经开始着眼于应用修复性正义的原则和方法来解决其他领域内法律系统无法解决的问题。比如，如何处理还没有触及法律体系的伤害和不当行为？如何教育我们的孩子履行有关责任与义务？孩子们从处理冲突中和解决所处困境中可以汲取什么经验教训？学生从校外带入校园的人际冲突又该如何解决？

鼓励倾听和交流，认可社区中所有人的经历和诉求，这些都是修复性正义所要推广的价值观和准则。

我们愿意提出一个更加宽泛的定义，不仅体现修复性正义在处理伤害和侵权时的积极反应，更给我们生活中该如何与人和谐共处提供参考。

> 修复性正义通过在社区中使用包容、合作的方式推广价值观和准则，认可社区中所有人，特别是那些被边缘化的、受压迫的和受伤害的人的经历和诉求。其通过包容与合作而非疏远与强制来共同完成愈合。

这个关于修复性正义或修复性管教的定义在解决问题和校园管教方面都产生了影响。让我们在接下来的两个场景中仔细探讨一下这个定义吧。

场景 A：

一位教师一早走进八年级的教室，听到杰森对山姆出言不逊。他把杰森叫到走廊上，告诉他要注意自己的语言并提醒他山姆会是何种感受。老师让杰森明白出口伤人是不对的，必须马上停止这样的行为。杰森打算告诉老师当时的具体情况，但老师只是重申了他的观点，并再次强调不能再有这样的行为。

回到教室后，老师把杰森和山姆拉到一边，告诉他们，他注意到了两个人的不友善举动，并要求二人停止不当行为。课间休息时，山姆和杰森依旧在生对方的气。

场景 B：

一位教师一早走进教室，听到杰森对山姆出言不逊。他把杰森和山姆一起叫到走廊上，告诉他们，他想在午饭后和二位在教室聊聊。

谈话过程中，老师问他们到底发生了什么。杰森讲了山姆在教室里拿了他的作业本并藏了起来，杰森很生气，要求山姆归还他作业本，但山姆继续他的恶作剧，导致杰森昨天因为找不到作业本而不能按时交英语作业。杰森很沮丧，就对山姆出言不逊，恰巧被老师听到。

　　山姆承认他的玩笑开得有点过头，但没想到会给杰森带来麻烦。当然，他认为杰森当着全班同学的面出言不逊也是不妥当的。两个孩子相互道歉，都认为自己没有控制好情绪，而且一致同意不想再继续有这样的烦恼。

　　尽管多花了点时间，场景 B 中的做法在校园里能带来更长远、积极的影响。我们相信修复性正义可以为我们达成目标提供框架。

　　校园修复性管教不但引入了新的方案或方法，而且为教育者的工作提供了一个新的框架。除了学校现有政策之外，教师可以随时使用修复性管教方法。当然，理想化的操作是学校、家长、学生一起梳理学校现有的整体政策和做法，找出那些不起作用的部分，用修复性管教方法来替换。

　　作为家长，因为孩子的管教问题，我们也做出过一些令人遗憾的决定。回头再看那些决定时，我们意识到一个重要的因素被忽略了，那就是创意。缺乏创意导致我们只关注掌控局面和快速解决问题，而不是孩子们的终身学习。当处理冲突时,我们只是想着赶紧熬过去,而没有把它看作一个教育契机。

我们知道,老师、管理者、父母,以及教育领域内的各类从业者已经有了一套处理纪律问题的"工具箱"。我们希望修复性管教方法可以为他们提供一个额外的"工具箱",里面有很多等待去发掘使用的新工具。

> 如果你想解决问题,不要总想着继续用之前的思维方式来处理。
> ——阿尔伯特·爱因斯坦

修复性管教方法提供了全新的、富于创造性解决问题的可能性,而不是简单地、模式化地回答老师和管理者每天面对的困惑。修复性管教需要灵活性和创新性,需要我们思考如何使用规则来约束行为,而不是规则本身,而且还要意识到由规则引发的意外后果。这就意味着,我们要学习如何在一起生活与工作。

修复性管教的其他基础

我们已经注意到修复性正义对修复性管教的促进作用。很多方面的研究进展和观点也显著推动了修复性管教的发展。

学校教育的一个根本目标是为社区培养有责任感的公民。就在最近,教育领域内推广的三大运动——冲突化解教育(Conflict Resolution Education,CRE)、品格教育(Character Education,CE)、情感素养(教育)(Emotional Literacy),拓宽了学校教育的关注点。

冲突化解教育引入了同伴调解方案,并发展了课程,将冲突化解和学校生活融为一体。冲突化解教育最初只是作为非暴力解决问题的指导,在相互合作的社区内逐渐发展为和平学校的思路,即尊重关爱精神。

冲突化解教育很大程度上影响了学校管教措施,通过使用同伴调解方案,对现有的成人规定的管教方法增加了可供选择的方案或附加方案。当学生互相帮助、提升管理并改变行为方式的时候,我们不禁要问:为什么学生不能学习自己管理冲突的技能呢?冲突化解教育不仅教给学生,也提供给受过专门训练的调解员调解和协商的技能。

品格教育虽然是单独发展的，但渗透着创建人际关系的要素，也是和平学校冲突化解教育的组成成分。品格教育项目主要的意图是教育和鼓励积极的价值观和行为。因此，很大程度上，他们不会聚焦在冲突情境中的具体做法或这些情境如何改变行为的。

品格教育的诞生发展了诸如责任、尊重、信任与友谊之类的核心价值，以及关爱自己与他人，关心环境，关注不同观点。这些对于保持修复性观念都是非常重要的。

丹尼尔·戈尔曼在他的著作《情感素养》中提出了学校要推动社会和情感学习（Social and Emotional Learning, SEL），这一点考虑了学生的情感和认知水平，对于在多元社会的学习至关重要。[1]这三大运动都助力了修复性管教的出现。

---

[1] 参见 *Emotional Intelligence: Why It Matters More Than IQ* (New York: Bantam Books, 1995). 关于 SEL 项目的评论，参见 Joseph A. Durlak, Roger P. Weissberg, Allison B. Dymnicki, Rebecca D. Taylor, and Kriston B. Schellinger, "The Impact of Enhancing Students' Social and Emotional Learning: A Meta-analysis of School-based Universal Interventions", *Child Development*, 82(1), 405-432.

建立在以上三大运动基础之上的修复性管教在处理冲突的过程中、在过程的产出和结果中特别聚焦相关的、有改变能力的管教。冲突化解教育中的首要问题是"如何解决问题",而修复性管教关注的是"如何纠正错误"。前者重点在于寻找解决方案,对问题各方是公平和可接受的;修复性管教增加了和受害者或被威慑者的联系工作。通过合作方式制定计划,寻找受影响的各方,完成改变和补偿。

> 修复性管教更倾向协同解决问题。

除了上述运动,三个哲学方面的理论很大程度上也决定了修复性管教的内容:建构主义理论,批判性反思理论和心理教育理论。

建构主义(Constructivism)认为,个体只有在与他人合作参与到问题解决的过程中,并被给予做决定的权利时才会获得意义和动力。

批判性反思(Critical Reflection)描述了一个问题解决的过程:在分析体系和制度的过程中,尊重多维视角，强调创新思维。

心理教育（Psycho-education）重视对内部情感、需求和动机性行为造成冲突的理解。正如我们看到的，修复性正义理论增加了对人际关系方面的关注：不当行为造成的伤害，由此尽可能地想要纠正错误的需求。我们会在第三部分中进一步探讨修复性原则和价值。

一个从惩罚到修复的连续体

修复性管教不会试图否定不当行为所造成的后果，相反，修复性管教聚焦帮助学生理解不当行为所造成的伤害，帮助他们为自己的不当行为承担责任，并保证做出积极改变。我们提出一个管教连续体或者教育的选择，从惩罚到结果，再到解决问题，最后到修复。

管教连续体

惩罚　结果　解决问题　修复

在惩罚环节中，不当行为和惩罚之间并没有什么关联，结果就产生了，比如，因偷窃球鞋并在储物间里扔垃圾而被停课。在结果环节，无论是自然的还是人为的因素，找出与罪行匹配的惩罚，结果也就有了。这样的结果可以是学生打扫储物柜，也可以由老师或者同伴充当裁判从菜单选项中根据选项和不当行为之间的关联做出选择，比如，让学生"修正"造成的伤害。

解决问题环节把不当行为看作需要解决的问题。上面的例子，管教程序如下：调查学生为什么会出现在储物间，是什么动机导致他肆意破坏并偷窃球鞋。老师们都熟悉"功能性行为评估"，也就是找到不当行为的意图和目的，然后制定计划，用适合的、积极行为来代替不当行为，同时满足受害学生需求，并且不违反规则。上述偷窃例子中，老师在询问目击者后，了解到偷窃球鞋的学生因为球鞋的主人拥有比自己更多的玩耍时间而不高兴。当然，这个改变的计划包括需要重新考虑玩耍时间。

老师们在运用惩罚、结果和解决问题模式时，通常不会考虑犯错误的学生，哪怕只是为解决一些潜在的问题，也会执行非常严厉的惩罚。修复性管教认识到了加害者背后的需求和意图，也认识到了受害者的需求。修复环节联合所有参与者纠正错误，并为将来的改变制定计划。因此，修复环节聚焦通过协同商议来实现愈合。

修复性管教

① 甄别不当行为的意图
② 了解并解决受害者的需求
③ 帮助加害者纠正错误
④ 寻求愈合
⑤ 采用合作进程

惩罚和结果模式都基于希望令人不快的后果或折磨可以阻止不当行为的继续发生。解决问题模式坚持认为，解决现有问题可以阻止未来的不当行为，从而拥有更加健康的行为表现。修复性管教模式相信，加害者通过与受害者的对话和交流，在理解他们的行为对受害者造成的伤害时会做出令人尊重的选择。下面这则故事可以说明管教是如何从惩罚性转变为修复性的。

13岁的艾美在提出要和朋友一起参加一次特别聚会时，被妈妈拒绝了。艾美很生气，妈妈接着说了"因为我说不行就不行"的话后，艾美更是发怒摔门。这样的局面一直持续到下午，妈妈采取强制措施，三周内不许她外出。

高度焦虑和紧张的氛围一直持续到两人坐下来，讨论到底发生了什么，双方也意识到彼此的愤怒造成了对艾美不太公平的惩罚。艾美说，这样的交流让她学会了不能愤怒，否则会被惩罚；妈妈解释说惩罚是因为艾美没能正确地表达生气，而不是针对生气本身。

在接下来的谈话中，艾美明白她的行为应该受到管教，但提出用别的选择来代替禁止外出。最后艾美建议将一周禁足换成她给全家做一周饭。

理论上来说，针对艾美不当行为的谈话应该在惩罚之前进行，但考虑到双方高度紧张的氛围和当时低效的创造力，显然不太现实。允许艾美对自己的行为表现发声为解决问题提供了更多的机会。

新的解决方案让艾美在为全家烧饭的过程中和妈妈、爸爸有了一周相处的机会，也让艾美学会了一些

> 解决问题环节坚持问题解决将促进更健康的行为表现。

生活技能,并有时间倾听父母解释不让艾美参加聚会的原因。这样的讨论在冲突中是很难得的。他们利用这次机会不仅讨论了现存问题,还讨论了家庭关系。这次机会让他们彼此回顾互相伤害的感受,并开始讨论营造有意义的家庭关系的价值。

接下来,让我们来探讨修复性管教的价值观和原则。

3

修复性管教的价值观和原则

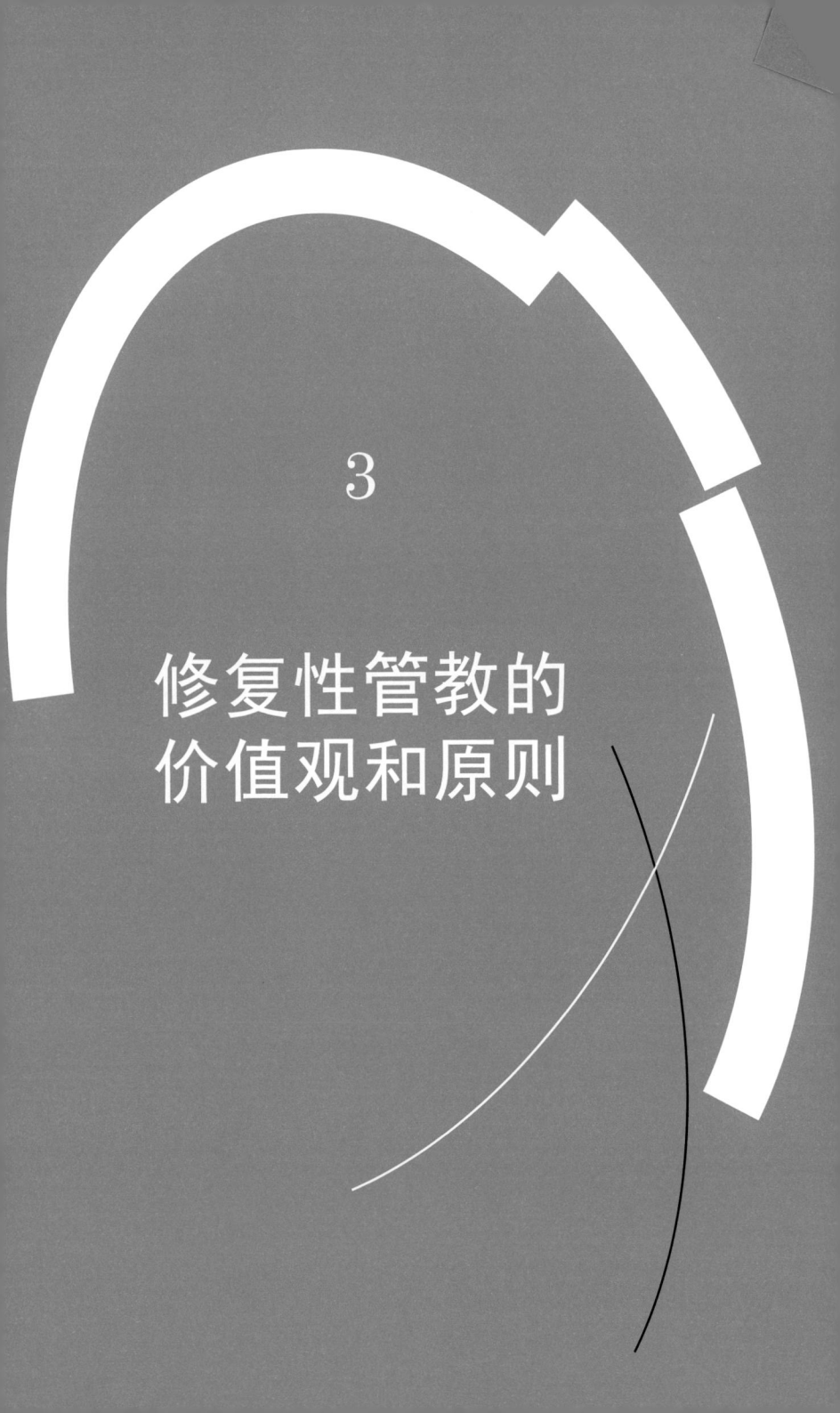

很多学校已经将学校的价值观应用于政策和道德标准的制定上。这些价值观给校园中的所有人设定了期待。这些价值观很大程度上体现了更为广泛的修复性正义,包括尊重、信任、可靠、自我控制、自我管理、接纳、责任和义务。

修复性正义强调这些价值观,并在此基础上明确表达了原则。在《修复性正义》一书中,泽尔非常清楚地阐释了修复性正义的原则。

修复性正义

(1)聚焦伤害以及所引发的需求(受害者、社区和加害者的需求)。

(2)强调加害者应承担的法律义务(加害者的义

务，同时也是社区和社会的义务）。

（3）使用包容的、合作的方法。

（4）涉及案件中具有合法利害关系的所有人（受害者，加害者，社区成员，社会）。

（5）设法纠正错误。

所有这些原则必须建立在尊重他人的基础上。

以下原则均体现了在学校执行修复性管教的价值观和理念。每一条原则都有一些重要的信义。我们受到了很多人的启发，参考了其作品，并做了部分调整。

修复性管教

（1）认识到良好关系是社区建设的中心。

❶ 修复性管教设法加强与社区的联系，通过增强校园关爱氛围来促进社区建设。

❷ 每一位学生、老师、管理者和工作人员都是社区学校中有价值的成员。

❸ 学生应参与到其所在学校的社区的价值观和原

则的确立过程中。

④ 更好地组织课外活动这一联络学生和社区的纽带。

（2）建立处理不当行为和伤害的制度，加强人际关系。

① 学校为营造学习的安全环境出台相关制度。但真正的安全来自对友爱关系的培养和维护。
② 制度应体现由学校社区共同约定的价值观和原则。
③ 制度需要解决纪律问题的根本原因而非解决问题表象。造成不当行为的原因可能是多方面的，每一方面都要考虑。
④ 管理学校如同管理一系列小单位，比如加强相互之间的人际关系，这样建设社区也会变得容易。

（3）聚焦造成的伤害而不是规则被破坏。

① 不当行为是对人和关系的破坏，不仅仅是违反了规则。

❷ 解决违法行为需要所有受害者参与。
❸ 受害者是所有关系的中心，应该首先被对待。其次关注受影响的学生、老师、父母、管理者以及周围社区。
❹ 很多不当行为的起因在于加害者试图解决已感知到的不公正。而受害者同样遭受了不公正对待。管教过程必须要为解决这些争端留有空间。

（4）让受害者发声。

❶ 首要任务是保证受害者的安全。
❷ 必须给予受害者在解决伤害问题中发声的机会。

（5）参与合作解决问题。

❶ 不当行为给人们带来了危险，但同时也创造了机遇。
❷ 所有人的行为都是为了满足我们人类的需求（归属感、自由、权力和享乐）。学生选择某种行为也是为了满足这些基本需求。

❸ 家庭、学生和社区都要设法帮助甄别为满足需求而产生的问题与解决方法。
❹ 如果每个人都参与进来,不当行为就会成为很好的教育契机。

(6) **允许改变和成长**。

❶ 为促进学生的改变和成长,我们必须帮助他们了解自己的需求,并帮助他们寻找可选择的、具有活力的方式满足需求。
❷ 人际冲突是人际关系的一部分。
❸ 如果解决冲突的过程中有倾听、反思、分享、信任,以及确保建立良好关系的问责体系,冲突就可以成为改变的机遇。

(7) **增强责任感**。

❶ 真正的责任感是一个人明白个体行为会对周围产生影响,如果影响是负面的,就要设法为纠正错误努力。

② 结果的评估要建立在是否合乎情理、是否可以修复，以及是否尊重的基础上进行。

③ 不断要求学生要有责任感和合作精神。

④ 如果学生拒绝改变，就需要成年人帮助其在承担责任方面做出决定。

⑤ 当学生认识到某种行为会造成伤害之前，坚持"走在后面"（让学生知道随时有人提供帮助）比"并肩行走"（监督或暗示学生端正行为）更有必要。

在采用任何一种方法之前，我们建议大家用以下反映上述原则的修复性管教标准，来验证方法是否可行。

修复性管教标准

当你在学校里致力于修复性管教时：

（1）首先关注的是人际关系，其次才是规则。

① 提出的计划是否不局限于关注违反政策？是否

同样关注经历过伤害的个体和社区?

❷ 采集信息时,采取何种措施可以确保相关人员的安全?

❸ 为每个人提供的支持人员(比如:律师、牧师、导师或其他合适人选)是否被核实身份、被认可?

❹ 所需资源,即交通、儿童看护、翻译人员、可访问性是否对所有相关人员开放?

❺ 是否需要对调查过程以及结果保密?

❻ 是否存在强制报道的问题?

❼ 如有必要,如何更广泛地共享信息?

(2)让受害者发声。

所采取的措施是否满足受害者需求,无论是直接受害者还是有可能被影响到的受害者?是否提供给受害者参与制定解决方案的机会?是否询问过受害者的需求?是否询问过受害者什么是合理的解决方案?

（3）让加害者发声。

❶ 是否询问过加害者的需求？
❷ 是否考虑过加害者的需求？
❸ 是否给加害者提供参与制定解决方案的机会？
❹ 是否询问过加害者能提供什么？
❺ 是否询问过加害者什么是合理的解决方案？

（4）参与合作解决问题。

❶ 解决方案是否通过合作达成？所有被伤害或受影响的（或者代表受影响的）人是否都参与了合作？所有决定是否通过合作达成？是否确保所有参与人都有发言权？
❷ 个体与团体的不均衡性是否被意识到、被承认、被讨论，以及被解决？

（5）增强责任感。

❶ 所采取的措施是否帮助加害者承担责任，而非

只关注了惩罚?

❷ 加害者是否真正明白自己的不当行为影响了他人?如果没有,是否有合适的逐步协助计划(包括在特定问题上的教育、辅导或培训)?

❸ 是否有些人拒绝改变并需要他人协助在承担责任方面做出决定?这种情况下,达成决定或建议需要参与人员共同完成。

(6) 允许改变和成长。

❶ 所采取的措施是否允许加害者参与修复过程以帮助其成长并提升能力?

❷ 加害者是否为自己的行为承担责任?如果没有,采取何种措施可以帮助其成长并提升能力?

(7) 计划修复。

❶ 所采取的措施是否支持加害者和受害者再次融入社区?

❷ 受害者是否满意加害者所承担的责任和义务?

❸ 如果达成下一步协议，过程中是否可以确保持续问责？

❹ 尽力考虑受害者的需求时，是否意识到可能的解决方案会是一个"三岔路口"（或者是为了避免相互作用的设定程序）？

在第五部分中，我们会讨论以上原则的不同模式和应用。然而，修复性管教不仅仅与解决个人处境或问题有关，而且对创建一个阻止不良行为、促进修复的大环境同样重要。这是第四部分的主题。

4

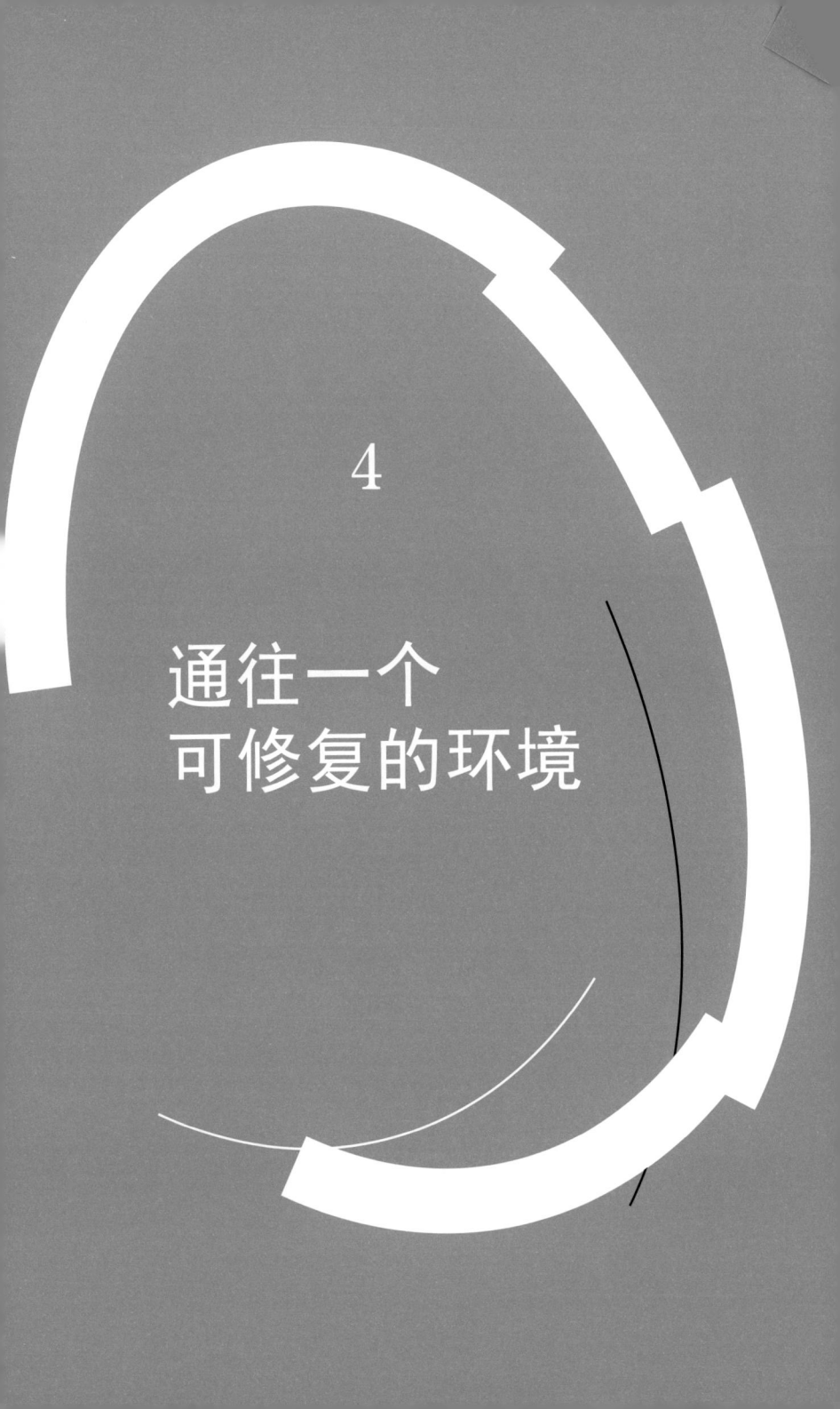

通往一个
可修复的环境

和平学校修复性管教发挥了预防和教育的功能。和平学校运动是由教育家博丁、克劳福德和席拉姆辅推广的，并为学校开发了相关项目，通过个别指导（比如：运用愤怒管理指导）、课堂教学（比如：在课程设计中融入协商指导内容）、学校方面的项目和政策支持（比如：提供修复性政策清单）、社区活动（比如："大哥哥大姐姐项目"）[1]来教授冲突化解。

这一方法通过营造和平氛围和教授学生协商与调解技能，创设了校园非暴力文化环境。修复性管教包含了和平学校的系列做法，但更专注于伤害发生后的修复性措施。

---

[1] 关于教学冲突化解样本课程，参见 Richard J. Bodine, Donna K. Crawford, and Fred Schrumpf, *Creating the Peaceable School: A Comprehensive Program for Teaching Conflict Resolution* (Champagne, IL: Research Press, 1994).

修复性管教的预防和修复功能认可在学习过程中产生冲突的价值。教育心理学家大卫·约翰逊和罗杰·约翰逊指出，学习，即使不总是，也经常是需要冲突的。[1] 同样，皮亚杰和其他教育学者也说过：冲突产生了分歧，但分歧激发了学习过程中的理解与调解。

从修复角度出发的管教可以比作一个银行账户。如果只是提款而不存款，那你就要破产了。如果一个孩子被管教了，就相当于从"关系账户"里提取了一笔钱。关系账户建立在关爱社区中的彼此尊重，相互间的责任义务上，甚至友谊上。当社区建设这层基础沃土消失了以后，孩子无法从账户中提款，出现不当行为和面对难题时也就无所谓了。孩子行为动机的改变也很有限了。

教育学家普遍认为5:1（存款：提款）的比例可以帮助学生完成学业。孩子一旦有了不当行为，关系账户就会被扣款。相应地，老师需要对孩子进行五次行为肯定才能平衡账户。老师的行为肯定、指导和修复性功能都需要在课堂上学习，动机改变才会发生。

---

[1] 参见 David W. Johnson and Roger T. Johnson, *Teaching Students to be Peacemakers* (Edina, MN: Interaction Book Co., 1995).

内尔森、洛特和格伦说:"研究表明,学生学业是否成功最准确的预言是如何从学生角度看待'老师喜欢我吗'这个问题。"[1] 学生如果感受不到关爱,在学业表现中就不敢冒险,因为没有安全感,也不会在社区建设上花费时间。但是,如果能够在错误发生之前建立有意义的人际关系,人们会更愿意通过对话来解决分歧。我自己(朱迪)的研究也证明了上述观点的准确性,尤其是在有学习障碍的孩子中。

> 生活中没有中立行为,我们要么消耗生命,要么给予生命。

尽管建立良好的人际关系可以促进学业上的成功,但这不是我们培养良好人际关系的唯一原因,人类要做的最简单也是最正确的事情是相互关爱。和平学校运动致力于营造和培育良好的人际关系。修复性功能就是要在关系被破坏之后进行修复。

---

[1] 参见 *Positive Discipline in the Classroom*, p. 25.

和平学校的定义是：日复一日为建设积极人际关系而付出努力和关爱社区的学校。布伦南·曼宁指出，生活中没有中立行为，我们要么消耗生命，要么给予生命。[1]因此，孩子们的行为要么给予生命，要么消耗生命。为了培养自我管理能力，学生必须明白他们的行为会影响他人，那就要在行为选项中做出正确的选择。

修复性管教通过规范和鼓励负责任的行为，提供支撑学习型社区的框架。学校也把冲突看作成长的教育契机和建设社区良好关系的好机会。解决冲突的过程始于对规则的考量，既要适合孩子，也要适合老师、管理者和工作人员。如果孩子们看不到大人对规则的执行，他们也不会相信冲突转化的价值。

和平学校的特点

下面是具有和平、修复环境学校所特有的标志或特点。（以下内容来自朱迪，除非有其他说明）

---

[1] *Abba Child* (Colorado Springs: NavPress, 2002).

（1）教育者是修复性实践的模范：你在学校起到什么榜样作用？

通过观察周围，我们可以发现这种可能，你的为人会影响学生想要改变甚至知道如何改变。冲突化解教育应该先从老师开始而不是学生。教育者们是基于关爱才开始教学的吗？教育工作者和员工是否把培养完整的人，而不是仅仅帮助孩子完成学业作为他们的任务？

在教师整个职业生涯中，关爱、尊重和善解人意这样的价值观是否始终被信守？在学校里，成人之间关系的处理是否也遵守修复性正义原则？职业发展项目中是否包含修复性实践指导？

修复性正义准则被列出并被作为标尺来衡量学校修复性正义所取得的成就。因为学生可以轻而易举地发现学校的"虚伪"，这个标尺在应用于学生之前，应该首先被用来评估学校教职工管理政策和措施。如果学生看到老师们可以相互关爱，他们会更愿意向榜样学习，并更积极地投入到所提供的修复性实践中。

（2）教室里有形的关爱：环境看起来、听起来、感觉起来是什么样的？

学校有安全的空间来进行合作和修复工作吗？分歧得到尊重了吗？学生谈话有明显条件界限吗？谈话空间对来访者是否有吸引力？空间里有什么适合引发合作和修复的布置吗？描述学校各场所使用的语言也会有一定的社会影响。比如，学校吃午饭的地方被重新命名为"餐厅"，比之前的"自助食堂"更能体现尊重和礼貌。

弗吉尼亚的一所私立高中在学生储物柜门外挂了一块白板，配了白板笔，学生可以利用白板来传递信息。他们喜欢在白板上表达对某人的生日祝福，或是在学校大事件和考试前写一些话语或是利用符号相互鼓励。学校手册上把这样的交流方式看作学校特有的荣誉，学生书写信息时用词的选择也是对学校处世哲学

> 把惩罚看作通向赋予生命行为选择的台阶。

和履行职责的尊重。每年我都会带领当地教师在这所学校进行一场"精神之旅"[1]，他们无一不从阅读白板信息中感受到了被关爱的氛围。

（3）教室里的情感关怀：教室里每日有哪些惯例、程序和练习？

有没有合适的计划让学生参与管理惯例、规则，时间的控制以及友好的课堂仪式，包括开头和结尾，过渡，社区建设活动，合作学习，以及社区会议？是如何处理教室里的冲突的？有没有一个合适的、可发展的管教模式可以让惩罚过渡为更多赋予生命行为的选择？这样的方案是否包含了从结果到解决方法到修复的过程？

一些教室里设置了"和平之桌"或"谈判角"供

---

1 "精神之旅"是一个30分钟到60分钟的校园观光活动，参观教师分成小组，对特定教学区域进行分析，然后描述校园物理环境中的有效成分。小组重点观察以下区域：教室，多媒体中心，艺术、音乐和职业发展教室，休息室，洗手间，体育馆，储物间，办公室，餐厅，走廊，景观或者教学楼外部空间和运动场地。这些小组记录他们被观察的区域，哪些是"赋予活力"的；如果学校实力得到加强，哪些是"有赋予活力潜质"的。

4 通往一个可修复的环境

学生解决问题使用。印第安纳一所高中的音乐教师每当表演过程中有干扰时,就把所有合唱队员聚在一起,然后让大家诉说眼前的困难,并通过头脑风暴来想办法解决问题,这样也保证了合唱团的健康成长。经过协商,大家会选择达成目标的共同行为。这样的过程成为鼓励社区主人翁意识和责任感的又一项策略。

(4)修复性学校结构:学校有何职责、政策以及实践?

校园时刻有事件发生,这些即时事件是否能反映学校的身份和目标?学校老师也要接受调解和协商的培训,他们同样需要这些技能。管理者把老师看作达到目的的手段还是目的本身?是否有反映情感素养的课程设置?

> 学校老师也要接受调解与协商的培训。

我上中学的女儿有一天问我,她是否可以退出她坚持了三年的社区合唱团。当我询问原因时，她说："合唱团指挥似乎更关注我的声音而不是我个人，我不喜欢这点，再怎么唱也不好玩。"没有人喜欢被利用的感觉。当内容成为重心而非人本身时，人就会觉得被利用了。当老师们的价值只是体现在学生考试成绩上，老师们就会觉得被利用了。当管理者所谓的成功仅仅是为学校赢得了"卓有成效学校"的地位，他们也会觉得被利用了。最终，这些被利用的人再也不会得到学习和工作的乐趣。

课程不会教授知识，老师们才会。标准不会鼓励学生自我提升，管理者才会。和平学校珍惜全体教职工和学生，因为他们是有价值的人。堪萨斯州一所文理学院的校长特别提出，他们学院的成功取决于全体教职工。他们让每个学生知道，自己是天赋异禀的。他们花大量时间定期鼓励学生、指导学生未来的人生规划，甚至当学生决定要终止学业时也不放弃他们。如果学校的宗旨是关爱学生，那么关爱就会植根于学校各项具体措施中。

（5）冲突化解教育（CRE）：如何在学校里教授冲突化解？

学生如何学习谈判、学习调解技能以及如何建立共识？他们会在历史、文学、数学、体育和科学课堂上学习解决冲突的技能吗？有没有一门课程，能够联系冲突化解、跨越各类管教？有没有一门身份识别课程，可以帮助学生发现自身内在天赋？有没有一门实践课程，鼓励学生养成善良的品质？

幼儿园到 12 年级（K–12）的教育者们可以找到许多已出版的培养这些技能的可资借鉴的课程。[1] 课程建议在本书中的"推荐阅读"里。

老师们有时候会把冲突化解准则纳入他们的班规或是契约里。比如，同意讲出实情，倾听时不打断别人，使用礼貌用语等这些常见的谈判规则，被明确地写在

---

[1] 幼儿园到 12 年级课程地图，概述了为满足决策共识、调解和协商，批判性和创新性思维，沟通、情感感知、定位能力的课程知识和技能发展顺序，见 Richard J. Bodine and Donna K. Crawford, *The Handbook of Conflict Resolution Education: A Guide to Building Quality Programs in Schools* (San Francisco: National Institute for Dispute Resolution and Jossey-Bass Publishers, 1998).

教室里或者成为学校规定，引导大家学会尊重他人。

（6）友善课程：如何在学校培养善良的品质？

学生需要学习认识自己的情绪并学会正确管理情绪。他们可以学习欣赏、肯定，并与人友善。他们可以学习积极倾听，准确、礼貌地表达自己的需求以避免产生问题。即使有了问题，他们也可以创造性地解决。

和平始于接纳自己和包容他人。友好相处意味着相互尊重，迸发同理心，明白偏见的存在以及偏见的后果。友善是通过学习规划、执行、颂扬来实现的。孩子之间的相互信任、帮助与分享都可以在课堂上习得。

我曾经遇到一个发生在小学生午饭时间的问题。我当时是实习教师的指导老师。那天我到学校后，实习教师跟我解释，因为她要值班，所以不能向我汇报她的教学情况。她告诉我，要不是她警惕心强，肖恩可能要去偷贾斯珀每天带到学校的自制饼干。趁着肖恩去洗手间的工夫，我问实习教师，我是否可以跟贾斯珀谈谈。

"如果在肖恩回来之前你放一块如此美味的饼干

在他桌上,你觉得会发生什么?"

"我想他会吃了饼干。"

"我觉得他首先会做一些其他的事;他会看起来很惊讶,然后会笑着看你。到底会发生什么呢?"

"我可以飞快地把一块饼干放到他桌上。"说着贾斯珀离开了座位,在肖恩桌上放了一块饼干。

"坐在哪里可以看到他的反应呢?"

我们每人选了一个可以看到肖恩的座位。肖恩坐下来后发现了饼干,脸上绽放出灿烂的微笑。然后他看了看贾斯珀,什么也没说,就是简单地看着他。第二次到学校访问时,实习教师告诉我,那件事之后贾斯珀每天都和肖恩一起吃饭。

我们在学习共情时,发现它就在我们自己身上。共情培养了同情并激励我们做出正确选择。当我们要求孩子们替他人着想的时候,可能性就可能成为现实。

> 我们在学习共情时,发现它就在我们自己身上。

（7）从差异教学到差异管教：管教如何在不同学校环境中体现差异？

如果我们相信因材施教，那么我们不也应该对不同的学生选择不同的管教策略吗？理解学生有不同情商和不同需求可以帮助师生选择合适方法以最大限度提升学生能力并自主做出改变。

> 当我们依赖规则而非人际关系时，一旦伤害发生，没有赢家。

有人在艾莉森体育课后冲澡的间隙偷走了她的运动短裤。艾莉森被告知要从体育组购买规定的运动短裤才能去上七年级的体育课。第二天她带了购买运动短裤的10块钱到学校，上课前把钱放在了储物柜里。当艾莉森回储物柜时看到一个曾和自己同乘一辆公交车的年轻人砰地关上了她的储物柜门，然后跑掉了。旁边的同学告诉艾莉森那个跑掉的学生踢开了艾莉森的储物柜门，好像拿走了什么。

艾莉森那天跟体育老师做了解释，但老师并没让她回去上课。艾莉森回到自己教室后跟班主任说了她的遭遇，班主任说："艾莉森，你不应该带钱到学校。"在父母的鼓励下，艾莉森找到了校长，但校长和她说了同样的话，"抱歉，艾莉森，规则就是'不允许带钱到学校'"。

当我和中学生家长们分享这则故事时，我听到了新故事，都是围绕相同主题：最容易执行的规则就是强制执行的规则。这样做通常导致受害者被忽视或者受害者被责备。

当我们依赖规则而非人际关系时，一旦伤害发生，没有赢家。家长会认为学校不关心学生，对学校的支持也会减少。受伤害的学生会觉得受到了虐待，感到孤立无援，学习上也不会投入太多。旁观者不愿意说出看到的，因为说了也不会有任何改变。老师和管理者也失望透顶，因为无计可施。当最终需要做坏事的人承担责任时，他们根本不知道责任是什么，也不知道为什么要承担责任，他们反过来怪罪被他们伤害的人。

比如，上面提到的例子里的那个年轻人或许就有胆量再次偷窃。如果下次他偷的是没锁门的车辆，然后被抓了,他会想,"为什么是我受惩罚,难道不应该是车主为他没有锁车门而承担责任吗?车主是自作自受"。一件小事可能会引起社区关系的恶性循环。

如果这时候能够有针对受害者和加害者双方需求而进行的修复性对话,结果又会是怎样呢?如果能召开一次涉及所有人的会议,观察者、旁观者、受害者,以及那些在受害者和加害者生活中有重要影响的人聚在一起,共同决定如何纠正错误,如何避免今后的类似行为,那么上面两个案例中造成的后果就不会出现了。

灵活的政策

尽管可能没有用到这些术语,但很多学校已经在实行修复性管教措施了。在洛林提供的案例中,学校的管教政策并不完全是修复性的,但是他们的灵活程度足以达到修复性效果。

这所学校有项特别的"辅助课程活动使用材料政策",适用于任何学生:参与辅助课程的,参加竞选的,参加公开演出的,或其他和学校有关的、有学校工作人员监督的任何活动,这项政策对所有学生一天24小时、一年365天都有效。

如果学年里发生了违纪行为，涉事学生的课外活动会从违纪行为那天起停止40—60天。同时，学校政策也规定了"学生有权通过额外管教行为来减轻或增加之前指导方针裁决的惩罚"。政策后半部分的灵活性为使用管教性方法来解决违纪行为提供了可能。

在一个案例中，10名在校学生在参加周末聚会时违反学校规定，有酗酒行为。经过一段时间的思考、准备，学校决定和每位学生签订"修复性契约"以减少他们的停课时间。契约规定了需要参加的活动，但不局限于这些活动，包括参加修复性正义的对话圈（见下一部分），社区服务、职业辅导、体力劳动和其他教育类活动。

酗酒行为发生几个月后，学生、家长和教职工共35个人，召开了一次修复性对话圈，讨论了以下问题：

❶ 当家长、学校管理者和朋友们得知那天晚上你们酗酒的事情后，你有何感受？（学生回答）
❷ 从那时到现在，你过得怎样？（所有参与者回答）

❸ 你认为你的行为对谁有影响?如何影响的?
   (学生回答)
❹ 当你发现孩子的酗酒行为时,你有何感受?(父母、老师和管理者回答)
❺ 如何做可以让你重新回到社区、重建社区对你的信任?(学生回答)
❻ 还有其他要补充的吗?(父母、老师和管理者回答)

这次持续三个小时的对话圈活动给学生、家长、管理者和老师提供了一个很好的交流机会。同时,对话圈也提供了一个分享的机会,大家坦诚地表达了让这些学生重新融入学校和社区将意味着什么。一些参与者说,这次会议是一个馈赠,应该早点召开。还有人意识到为恢复信任还有更多的工作要做。

所有这些都有可能,因为这所学校的政策允许规则以外的内容。学校需要政策来确保所有成员的安全和对所有成员的尊重。但正如上面这所学校所做的,政策也可以允许有赋予生命的、有远见的创造性选项。接下来的部分将探讨这些问题。

5

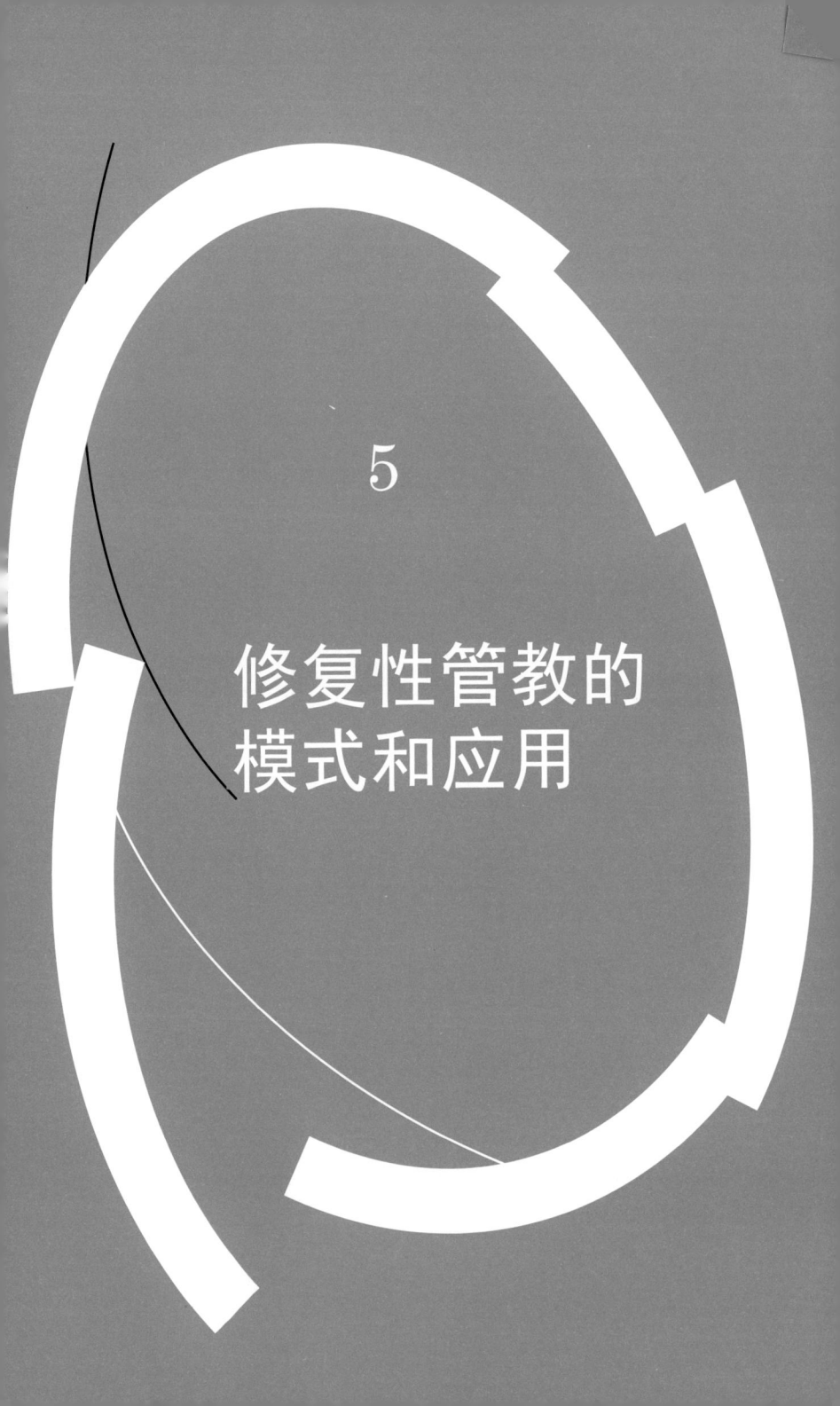

修复性管教的模式和应用

在前面的部分里，我们讨论了修复性管教的价值观和原则，以及全面创建和平的、修复性校园环境的重要性。这一部分，我们来探讨校园修复性管教的模式和应用。有时模式和应用不太容易区分，我们会尽可能用案例来呈现。

全校性质的培训方式

"对话和平"是一项中学修复性倡议，由弗雷泽地区社区司法行动协会和位于英属哥伦比亚的兰利第35学区合作建立。他们对所在学区的老师和学生提供4天、平均每天6.5小时的培训。首先，他们教授"修复行动哲学"和沟通技巧。然后,是调解培训。[1]

了解到学校开发综合项目的重要性,"科罗拉多学校调解项目"采用了一项全校性质的培训方式。培训内容包括愤怒管理、欺凌的预防和干预、冲突化解、课程整合、多样性和意识问题、和平教室、同伴调解、积极管教和修复性正义调解培训。

停学之后的重新融入

停课或停学在很多学校是司空见惯的管教行为,通常和"零容忍"政策相关。关于停学,北卡罗来纳州的罗利市"预防校园暴力中心"发现了以下规律:

① 较高的停学率与阅读、数学和写作成绩较低有关。
② 停学率越高的州,整体少年监禁率也越高。
③ 停学生中的种族差异和少年监禁的差异类似。

---

[1] 凯瑟琳·巴尔根(Catherine Bargen)等著的《对话和平》(*Conversation Peace*),是提供给参加者的一本培训手册和练习手册。

很多家长、律师和教育专家都已经意识到了"零容忍"政策带来的伤害。研究表明，停课和其他强硬政策并不能让我们的学校更加安全，也不会让我们的孩子们表现得更好。不排除有这样的可能性，我们的孩子在学校面对学业失败时，不让孩子上学，似乎是他们违法的先兆。这反过来又会导致更高的辍学率，有人称之为"学校到监狱的管道"。

尽管停学不太可能完全被淘汰，但是一些学校正在提供持续的教育机会来确保和学生保持联系，虽然采用的可能不是传统的教室学习方式。后面我们会讨论到运用修复性管教措施来减少停学的问题。

如果发生了停学，就应该有计划地帮助学生回到校园时可以重新融入班级和学校。一项由密苏里西部州立大学执行的"青少年司法和犯罪预防挑战资助项目"2001—2002学年在密苏里州圣·约瑟夫学校实施。[1] 该项目为已有的区内中学学生停学项目增加了一位修复性正义的协调人。协调人在学生10天的停学期间运用修复性正义的观念培训他们，这一培训被称为"恢

---

[1] 参见卡茨和加德纳（Katz and Gardner）。

复室"。当学生重新回到学校时,会召开一次修复性正义的对话圈会议,参与人员包括家长、学校管理者、咨询顾问、老师和被伤害的学生。

研究表明,停学并没有让学校更安全。

该项目的内容包括针对学生、学校和当地行政人员以及老师的修复性正义培训。对话圈会议召开前,会寄信给家长,向他们介绍有关项目的信息,并要求他们参加修复性正义对话圈,商讨孩子重新融入学校的事宜。

所有参会人员在会议之前与协调人见面,确保自愿参与并同意遵循基本的会议准则。然后咨询顾问和参会的学生见面,确保完成所有协议。

项目第一年涉及的学生来自四所中学的七到八年级的学生。一共有76名学生参加了学区停学项目,40名学生参加了修复性正义对话圈。这40名同学返回学校后,因各种情况被再次请到办公室的人数比例如下:

被叫到办公室的原因	参加"恢复室"之前	参加"恢复室"之后
● 拒绝在教室学习	17（55%）	7（23%）
● 完不成作业	9（29%）	2（6%）
● 打架	3（10%）	1（3%）
● 不尊重教职工	22（71%）	8（26%）
● 辱骂	7（23%）	2（6%）
● 偷窃	2（6%）	0（0%）

参加"恢复室"之前无故旷课的平均人数：2.20 人

参加"恢复室"之后无故旷课的平均人数：0.23 人

在接下来的调查中，几位参加对话圈的副校长对项目做出了如下评价：

① "我们结束了停学事件,'恢复室'也暂停了。"
② "学生掌握了主动权,他们制定解决问题的计划,并且让各方都知晓计划。"
③ "这是一个学生与家长见面的机会。"
④ "这是一个促进师生关系、同学关系的机会。"
⑤ "这让学生认识到他人是如何受到影响的。"

这些管理者同时希望修复性正义能够以其他方式应用于学校。

学生是这样回答"为什么会选择修复性正义对话圈项目"的:

① "因为我可以跟老师道歉。"
② "因为这可以帮我修复造成的伤害。"
③ "是为了让老师真正理解我的歉意,知道我正努力去修复伤害。"
④ "因为我知道我做错了,所以我需要道歉。"
⑤ "我参加修复性正义对话圈是因为我不想被别人认为是不道歉的人。"

密苏里州的圣·约瑟夫项目证明了修复性正义措施是很有希望帮助被停学的学生恢复并重新融入校园的。理想情况下，停学的需要也可以减少。下面这些被一些学校应用的问题解决模式和管教措施最大限度地减少了停学次数。

班级会议

洛林最近和一位五年级的学生聊天，聊到了开学初制定的班级规定。学生的反应是，"我不记得了。但也没什么关系，反正我们老师也不会遵守"。

修复性措施：减少停课、准备好修复。

洛林问道："是全班同学想出这些规则的吗？"

"不完全是"，孩子回答，"（老师）写在了黑板上问我们是否同意，就这些"。

孩子们需要归属感，需要感到被接纳，并认同自己的想法和观点。比起围绕规定课程开展的活动，班级会议为讨论这些需求和他们重点关注的问题提供了机会。如果教育的目标之一是教给孩子们生活技能，诸如沟通、学会倾听、学会参与、学会表达，那么花一点时间来组织班级会议是至关重要的。

在《教室里的正面管教》一书中，内尔森、洛特和格伦都谈到了有效的班级会议的八大基础：

① 围成一个圈。
② 练习赞扬和欣赏。
③ 创设时间表。
④ 培养沟通技能。
⑤ 重点了解每个人的现状或许都不一样，并不像目前孩子们自己的状况。
⑥ 帮助孩子们认识人们为人处世的原因。
⑦ 练习角色扮演和头脑风暴。
⑧ 聚焦非惩罚性解决方案。

这些基础可以营造一种氛围。在这种氛围中，每个人都能感觉到自己的声音很重要，学生可以根据需求来学习，学习有用的生活技能。它为成功解决教室里师生间不可避免的问题和冲突提供了新思路。下面描述的对话圈方案为创设这一氛围提供了很好的方法。

对话圈

对话圈在修复性正义领域内已经越来越受欢迎，不仅应用于有不当行为的案例中，也作为一种对话方式解决难题，如解决社区问题。这些对话圈进程，首先是从当地社区开始，提供包容的进程方案，不仅纳入冲突双方、受害者，还有社区相关人员。

调停会议、修复会议、商讨会议等不同名字、不

> 对话圈提供了有序的、可反思的进程来强化积极的价值观。

同种类的对话圈被广泛应用。[1]简单而言,任何形式的对话圈,椅子一定会被摆放成一个圈。有一至两个协调人,或者称为负责人来引导会议进程。有一轮话题讨论,通常按照顺时针方向轮流,只有轮到的人可以发言。轮到的人也可以不发言,每次只能一个人发言。

在开场介绍性发言后,通常是对会议程序价值的讨论,负责人会提出问题或话题,然后开始谈话环节。对话圈通常有好几轮。每次只能一人发言,给了其他人反思和考虑自己要讲内容的机会。对话圈提供了有序的、可反思的进程来强化积极的价值观。下面内容是我们总结的对话圈进程的基本要素。

---

[1] 参见 Kay Pranis, Barry Stuart, and Mark Wedge, *Peacemaking Circles: From Crime to Community* (St. Paul, MN: Living Justice Press, 2003), and Kay Pranis, *The Little Book of Circle Processes: A New/Old Approach to Peacemaking* (Intercourse, PA: Good Books, 2005).

对话圈进程中的基本要素

使用对话圈的前提条件

① 我们每个人都想要和其他人友好相处。
② 我们每个人都是社区有价值的成员,每个人都有信仰的权利。
③ 我们分享共同的核心价值,清楚友好相处的意义(尽管友好相处和按照我们各自的价值观行事并非易事,尤其是在对话困难和有冲突的时候)。

对话圈负责人

① 不主导会议,但帮助参与者维护其完整性。
② 帮助维护一个明确、开放、尊重与自由的空间。这就意味着了解何时与如何介入、何时开始和结束、何时休息,以及如何提醒大家遵守已经达成的准则。
③ 是对话圈参与者,不是观察者。

④ 通常来说，不需要成为调解员或小组协调人；做负责人不是拥有一份职权，而是拥有一份维护对话圈价值的责任。

谈话环节

① 是一个被小组接受并使用的重要部分。通常会对大家有特殊意义的东西。
② 每次只有一人说话，给大家提供了倾听和反思的机会。参与者会更加注意其他人正在讲的内容，而不是忙着准备立即回应。
③ 不能插队发言，避免一对一的争执。
④ 鼓励在讨论中分担责任。
⑤ 为参与者提供了平等的发言机会，维护了对话圈中的平等。
⑥ 为平时不愿意与他人竞争而保持沉默的那些人提供了发言的机会。

谈话环节的准则

1. 尊重他人，哪怕并不总是同意他人的观点。轮到自己的时候才发言。
2. 诚实，只代表自己发言。
3. 言简意赅，保证每人都有机会发言。
4. 可以选择放弃发言的机会。
5. 尊重集体决定的保密协议，对话圈中的所有信息留在对话圈中。
6. 会议中没有正确与错误的答案。

对话圈可以应用在很多领域。比如，在波士顿，它被用于缓解紧张局势以及减少市中心的帮派暴力。[1] 它会邀请帮派成员、社区领导、警察和城市当局，让大家有机会相互理解，暴力程度因此减小。在威斯康辛的巴伦县，小学老师将对话圈用在不同类型的班会上。下面是对话圈的一些应用。

1　见 Carolyn Boyes Watson, "What Are the Implications of the Growing State Involvement in Restorative Justice?", in *Critical Issues in Restorative Justice*, eds. Howard Zehr and Barb Toews (Monsey, NY: Criminal Justice Press, 2004), pp. 215-226.

清晨的对话圈

开始于每天清晨的对话圈可以帮助大家形成对会议规则、目标和价值观的共识,也可以解决前一天的问题,还可以讨论以下议题:

❶ 晚上过得如何?
❷ 目前的生活中发生了什么?
❸ 对今天的任务有何想法和思考?
❹ 整理今天日程安排的细节和期望。

任何时候的对话圈

当发生紧张局面和问题时,当需要做出紧急决定时,随时可以召开对话圈。对话圈提供了解决问题的平台,向大家传递诸如诚实、责任、义务以及同情心这

> 对话圈可以用在紧张局面发生的时候。

样的价值观。可以应用在以下方面：

① 处理诸如嘲弄、偷窃、打架、威胁等行为，以及出现在操场上的问题。
② 分享时刻：展示并讲述，一份生日礼物。
③ 头脑风暴：创意写作、如何使用班费、班级课题。
④ 讨论：新闻、时事、书籍、有争议话题。
⑤ 开展讲笑话和讲故事等有趣的合作活动。
⑥ 学生自主选择的讨论话题。

傍晚的对话圈

对话圈还可以在傍晚召开，主要有以下目的：

① 分享发生在当天的事情。
② 处理发生在当天的问题和冲突。
③ 处理发生在教室里的、校园里的，甚至是外部世界的（比如，新闻里令人不安的事件）有可能发展出的紧张情绪。
④ 汇报一天的情况（可以是每位参与者用一两句

话对一天进行总结）。

对话圈也可以用于处理朋友之间（或是以前的朋友）、师生之间等不同层次的事件。下面的告别对话圈发生在弗吉尼亚州首府哈里斯堡"弹性学习中心"。

告别对话圈和告别仪式

告别对话圈已经成为学校弹性教育项目的一道文化景观。该会议服务于弗吉尼亚州一群在正式学校教育中社会和文化融入方面有困难的八年级学生。这些学生由大学生和一位管理者负责，通过将修复性正义措施融入社区教育程序中，辅导学生学业并给予指导。

当一个学生在学期末要离开项目时，或者他们的辅导员要结束他们工作的时候，会召开对话圈告别会议以回顾大家在一起的时光、鼓励反思并对各自的未来提出希望。为满足参与者个性化需求，会议仪式策划将由学生或辅导员选择，有些仪式一年内会用很多次。

一个深受大家喜爱的仪式是播撒种子。把一个装有泥土的蛋糕盘，一碗水和一些草籽放在桌子中央。每个人上前埋下几颗种子并浇水，然后分享今天建立的关系在心中种下了什么种子。比如："你让我全力以赴做了我之前根本不会做的事情。"未来的计划也会被分享，因为那是他们在新的工作岗位或新的学期继续成长的方向。

> 我们对事件的开始和结束记得最清楚。

伴随这些仪式还有一份书面的告别信，每位参与者要在信里给离开的人留一个问题思考。会送给离开的人一张合影或是拼贴照片。有时候，一朵带刺的玫瑰会在参会者中间传递，接到的人分享一朵"玫瑰"的美好故事和一段"带刺"的记忆，它们都是推动成长的重要时刻。

有一次，管理者设计了一碗葡萄和一碗盐水的活动。学生和辅导员用手指在盐水里蘸一下，象征着在一起工作时流下的泪水，然后选一颗葡萄吃，象征着生活中的甜蜜。通过这些活动，他们也找到了一起经历的那些艰难与欢乐时光。

刚开始的时候，学生是抵触这个仪式的，有些人拒绝讲述"盐水"的故事。后来的一个学期里，他们解释道，他们的沉默是因为"男人不哭"的这种印象。接下来大家一起探讨了这种刻板印象。到学期末的时候，一个男生提出要重复"盐水葡萄"的仪式。

每次告别仪式结束时，大家会一起吃点东西，一个非正式但远比普通的交换意见更好的表达方式。心理学家告诉我们："我们对事件的开始和结束记得最清楚。"当我们真诚地讲述那些影响我们生命的特殊瞬间时，我们也是在为未来社区建设播撒种子。

学校教职工对话圈

明尼苏达州教育部的预防专家南希·里斯特博格谈道，在学校工作开始之前，由学校管理者召开对全体员工的对话圈，可以解决员工之间的冲突并关注员工状况。[1] 考虑到学校面临的各种困难，对话圈可以用来讨论员工心理健康需求，并解决里斯特博格提到的"同情心懈怠"问题。

学校修复性对话圈

在明尼苏达州的皮斯学院，一所服务于从药物成瘾中恢复的青少年高中学校，采用了对话圈来解决学校社区的困难。教师安吉拉·威尔科斯特在学院会议上说道：

> 当学生因为事故或服用药物（毒品）需要离开社区时，告知其他学生就一定会违反保密协议……对话圈改变了这一切。学生在被要求离开学校时，无论是因为旧疾复发，还是违反缓刑条例，或是因为学业、出勤，以及各种行为原因，都有权利和学校开展一次对话圈。在会议上，学生负责解决问题，

---

1 明尼苏达州教育部很多年前就加入了修复性正义工作。参见《修复性措施：尊重每个人修复问题的能力》（*Restorative Measures: Respecting Everyone's Ability to Resolve Problems*）。

如果需要的话，可以是修正错误，也可以是寻求支持和反馈。通过对话圈，每个人都可以了解发生了什么，学生为什么要离开，因为这些信息都是在会议上直接得来的。同时也可以直接表达他们的悲伤、愤怒或是支持。像这样的对话圈从本质上消除了流言蜚语。[1]

召集会议

当发生了严重的伤害事件，修复性管教提供了让受害者和加害者对话的机会。召集会议可以让彼此了解到底发生了什么，彼此有何感受，需要做什么来修正错误并避免未来再次发生类似事件。

召集会议为讨论以下问题提供了平台：

❶ 发生了什么？

---

[1] 节选自《皮斯学院》（*PEASE Academy*）一文，作者安吉拉·威尔科特斯（Angela Wilcox），一位皮斯学院的语言艺术和人权老师。可以在明尼苏达教育部官网找到。

❷ 参与者的感受是什么？
❸ 需要做什么来修正错误？
❹ 未来如何避免同样的错误？

有时候，一场涉及所有成员的对话圈很合适；有时候，像"家庭小组会议"或"社区会议"等形式更合适，这些形式在新西兰和其他地区都有被应用。[1] 社区会议允许权威人士决定裁判的结果和范围。大部分时候调解会议更常见，只有受害者和加害者参与，或者还有双方家长。[2]

在上述提到的会议中，很重要的一点是，会议的协调人一定是受过培训的。受过培训的协调人理解特别事件中的受害者，也了解加害者的行为，可以正确评估见面时机，并提供安全的环境。另外，协调人一定要公正。受害者—加害者会议及调解为协调人制定了具体的培训和程序。

---

1 参见 MacRae and Zehr, *The Little Book of Family Group Conferences*. 学校正在使用不同的会议形式来培训"真正的正义"。
2 这些模式在泽尔的书《修复性正义》（*The Little Book of Restorative Justice*）中有简要描述。

受害者—加害者会议如今是一种已在世界各地使用的修复性正义实践，仅在美国就有超过 500 个项目，主要集中在刑事司法领域。案件通常由法律系统移交给社区专门的受害者—加害者调解项目。每个案件都被筛选是否适合这个项目，潜在的参与者会被分别会见以决定他们的利害关系，以及是否可以参加联合会议。

下面的案例就是学校背景下的社区会议。

斯图尔特先生曾经是个销售人员，退休后决定为当地学区开校车。在过去的三年里他很享受这份工作，这份工作同时也让他无负债地购买了一辆全新的皮卡车。购车一个月后的一天，当他跑完了当天的任务回到学校时，发现他的卡车两侧都从头到尾地被划伤了。斯图尔特先生立即到办公室找到了副校长康纳先生。

与此同时，康纳先生知道是什么人划了车。一定是运动队的学生，因为只有他们被允许穿过围栏封闭的停车场，走到运动场。他喊来了女子曲棍球队的队员和男子田径队的队员，那天只有这两个队伍使用过运动场。有嫌疑的三个名字很快就出现了，但三个男孩对事故一口否认。经过几周对三个男孩不停地询问，其中一个终于承认是他们三个用跑鞋上的防滑钉划了皮卡车。

事故发生两个月后，斯图尔特先生接到一个电话，说搞破坏的三个男孩已经确定了，问他是否愿意跟他们见一见，谈谈到底发生了什么。一位协调人约见了斯图尔特先生和太太，听他们讲述了生活在恐惧中的伤心往事。他们认为划车事故一定和几个月前一个在校车上引起混乱的学生有关，而这个学生后来受到了纪律处分。他们害怕自身安全受到威胁，不知道那个学生会不会到家里来制造更多人身伤害和财产损失。

斯图尔特先生并不认识划车的男孩，但他很想知道三个男孩是否是受人唆使的。斯图尔特太太非常焦虑，拒绝出席会面。斯图尔特先生有太多问题，因此他急着想见那几个男孩。

在事故发生四个月后，三个男孩、他们的家长、副校长、田径队教练和斯图尔特先生终于在学校会面了。斯图尔特先生表达了他的愤怒、三个男孩的行为所带来的伤害、随后不知道还会发生什么的痛苦，以及对这种报复行为的恐惧与担心。

男孩们告诉斯图尔特先生，这是他们一时兴起的愚蠢行为，他们对所造成的伤害表示抱歉。家长感谢斯图尔特先生能来见孩子们，为孩子们最初否认划车道歉，同时表达了对斯图尔特太太健康状况的关心。

田径队教练和副校长也表达了对几个男孩最初否认行为的失望，但欣赏他们决定走出来为行为承担责任，并付钱重新油漆车身。斯图尔特先生也表达了能开车带孩子们去参加田径运动会，并观看他们的比赛的希望。

逃学调解

逃学调解为学生、家长和学校老师提供了一个轻松的氛围来讨论逃学问题及其解决方案。通过运用调解中非对立特质，各方面的关注和意见都会被听到，解决问题的方法也容易达成一致。1998—1999学年，犹他州西乔丹市的西山中学和"犹他州法院行政办公室"联合推出了机构间逃学调解试点干预项目。这个项目的执行，成功阻止了逃学案件被转移到青少年司法系统。

这个项目目前已经推广到犹他州的各个学区。2003年，276个逃学案件被调解，超过75%的逃学学生通过调解提高了出勤率，也没有被移交到青少年法庭。276个案件中，有100个是面对小学生的试点部分。在这个小学的试点中，只有五个孩子和他们的家长最终被移交到了青少年法庭。[1]某种程度上，犹他州的模式看上去更像是"社区会议"而非传统的调解。参与会议的人包括学生、学生家长和来自学校的团队（由副校长、顾问和出勤秘书构成）。调解员是受过培训的社区志愿者，由法院行政办公室招募、培训并指导。

逃学调解改善了家长、学校和学生之间的沟通问题，并提供了一个基于尊重和诚实的沟通模式。各方共同努力寻找解决方案让大家体验到了教育的美好一面。最为积极的一面是，学生在决策过程中很主动。有了更多解决方案的决定权，就有了更多执行方案的主动权。

逃学调解存在一个弊端，那就是需要大量在校时间，通常90—120分钟。在犹他州的项目里，所取得的效果远大于时间成本，包括不需要花时间出庭，可

---

[1] 信息和统计数据通过犹他州法院行政办公室的电子邮件通信提供给作者。

以和社区加强纽带联系，大家围坐在一起，积极促进了学校教职工、学生和家长之间的关系。下面的案例故事就来自学校。

通常，家长、学生和学校工作人员在面对调解问题时会出现分歧。下面这个来自犹他州法院行政办公室的案例表明了在调解过程中改变是会发生的。

一个学生好多天没上学了，成绩也在下滑。学校多次打电话、写信给学生妈妈，告知情况，但最终还是因为逃学被移交到了青少年法庭。学校和社区都不熟悉逃学调解项目，但缓刑官和审理此案的法官都知道这个项目，并进行了移交。

调解员联系了学校，老师同意参加。出勤秘书解释道，学校努力地与学生妈妈联系，但一切都是徒劳。学生妈妈和爸爸还给校长写了控告信。学校老师认为这个妈妈在女儿生病请假这件事上撒了谎，因为请假期间，学校有人在镇上看到了她女儿。

调解员通过和妈妈对话，了解到学生在学校感觉受到了攻击。她解释道：女儿的确是生病请假的，但校长并不相信，反而不公正地评判她，这让她很生气，她不再想和校长继续接触。

在调解期间，当学生被问到出勤问题时开始哭泣，她很害怕。调解员让她明白，她不会有麻烦的，房间里的每个人都是想帮她解决问题的。出勤秘书安慰学生和她的妈妈，她的到场也是要帮助他们找到解决方案的。

学校了解到，学生的继父在国外工作，妈妈感到很孤单，也没有能力解决女儿逃学问题。学生想念继父，不能很好地调整自己，来适应中学第一年的生活，经常会胃痛。妈妈觉得如果女儿感到不舒服就不应该被强迫去学校。她也不知道该怎么办。另外，妈妈不知道该如何登录学校网站查询出勤和班级信息。

后来妈妈得知学校还是有人关心孩子并愿意提供帮助的，正是那些自己也有孩子，并且理解家长和学校沟通有多重要的人。

调解过程中，一个计划产生了：学生不生病的时候就由妈妈每天送学生到学校，如果要请假，就告知学校。如果学生胃痛了,妈妈也要带她到学校并告诉老师。必要的时候,学校顾问可以允许学生不用上课,并定期或在必要的时候和学生见面。

学校也教给妈妈如何登录学校网站查询出勤和班级信息,并给了一个应用程序,可以提供家庭作业辅导以及社会活动的课后俱乐部的信息。

妈妈同意在学校介入不够的时候可以寻求外力来帮助女儿。学校很愿意提供一份社区资源名单。校方、妈妈和学生共同起草了一个计划,请求法庭在60天内对案件进行复审。法官同意了这个计划,如果进行顺利就驳回案件。

五个月后,出勤秘书报告,学生的出勤不再是问题了。和妈妈的联系也有了,她需要帮助的时候随时会打电话。沟通的桥梁已经建成。

欺凌

欺凌或许是今天学校里最常见的暴力形式。据报道,在美国,近30%的青少年要么是欺凌者,要么是被欺凌对象,或者二者同时是。[1] 大部分的欺凌案件持续时间不超过一分钟,主要通过短信形式或者突如其来的大量邮件来实施网络欺凌。欺凌被定义为:随着时间推移造成的故意伤害,可以是身体上的、语言上的,或者空间上的。空间形式可以解释为通过拉开社会距离或人际距离达到孤立、排斥的目的,进而伤害人际关系。

在布伦达·莫里森的一篇文章里,她这样写道:[2]

> 校园欺凌给很多孩子和家庭带来了极大的精神压力,并且会有长期影响。校园欺凌被确认为一种与反社会及犯罪行为相关的危险因素。欺凌最大可能地会引起辍学……受害者大多有极大强度的精神压力、焦虑、抑郁和疾病,再发展下去还会有自杀倾向。

---

[1] 参见"Facts for Teens: Bullying", from the National Youth Violence Prevention Resource Center, Rockville, MD.
[2] 参见"Bullying and Victimisation in Schools: A Restorative Justice Approach".

基于修复性正义原则，莫里森勾勒出了旨在改变欺凌者行为的框架，同时也可以维护校园安全。

一份 2003 年的《打击犯罪：对儿童的投资》指出了欺凌行为的程度："六到十年级的孩子中每年有超过 3 200 000 人（近六分之一）是欺凌的受害者，欺凌者是 3 700 000 人。"[1] 这份报告中列出了三种模式，都经过实践检验并证明是可以有效预防欺凌的。

① 欧维斯预防欺凌项目是唐·欧维斯首次在挪威发起的项目，已经帮助挪威减少了一半的欺凌行为，在南卡罗来纳州遍及六个学区 39 所学校减少了 20% 的欺凌行为。
② 联结家庭和教师利益（LIFT）表明，一个为时 10 周的反挑衅项目可以有长期结果。
③ "神奇岁月"是专门为 2—8 岁、有较强攻击性行为的孩子设计的。这个项目培养家长和孩子解决问题的能力，能很好地阻止攻击性行为的蔓延。

1　参见 http://www.fightcrime.org.

修复性管教采用不责备准则帮助学校实现无欺凌。"教育来自社区并服务于社区"的建议聚焦鼓励尊重、反对欺凌，不仅限于学生中，而是面向全体成员。教师和管理者的欺凌，以及以学生为主的欺凌预防项目的虚假表现，都会阻碍学生参与项目。

> 修复性管教采用不责备准则帮助学校实现无欺凌。

和平学校通过营造关怀氛围阻止欺凌。为教育者、教职工和学生设计的对话圈促进了公平、公正，建立了平安学校需要的相互支持关系。在定期开展的对话圈或晨间会议上，成人参与到欺凌教育中来，孩子也意识到周围的欺凌行为存在，大家一起诉说欺凌与被欺凌的经历，学习非暴力沟通方式，共同创设安全社区指导方针，支持彼此以更健康的方式来思考和行动。

当欺凌发生时，教育目标应该是所有涉及方的修复和重新融合。修复性社区会议或对话圈的召开鼓励所有受欺凌影响的人参与，这也是一个让大家了解伤害并逐步走向责任和融合的机会。然而，受欺凌的人并不希望在群体会议上面对加害者,害怕会进一步受到伤害。在这种情形下,不建议面对面会谈。下面描述的成人与学生一对一的方案或许可以提供一个更舒适的修复论坛。

与受欺凌影响或参与欺凌的人进行的一对一的恢复过程,可能包括以下内容:

❶ 以私人会议作为开始,听受害者讲述自己的故事,制定安全计划,弄清楚其需求,纠正错误。适当情况下,将这些项目整理为协议。

❷ 和加害者会面,收集其观点;找到欺凌动机;解释造成的伤害;鼓励反思,承担责任,从现在到将来做出更多赋予生命的行动;计划修正错误。适当情况下,使用协议形式。

❸ 与双方进行后续行动,确保协议的执行。

❹ 一份对环境变量的分析也有助于解决问题。事故是否发生在特定情况下、特定学生群体中、特定场所,甚至在一天中的特定时间?什么样的情境或系统变量培育、诱发,或"奖赏"着欺凌行为?这些问题都应该向相应的委员会或团体汇报。

支持欺凌者做出改变的问题和评论可以包括如下内容：

① 你做了什么？
② 做事的时候有没有想过会发生什么？
③ 为×××（受害者的名字）设身处地想一想：你觉得其会如何理解所发生的一切？
④ 还记得你曾经被伤害的那一刻吗？发生了什么？你怎么想？
⑤ 每个人都会犯错误从而伤害别人。重要的是从错误中学会吸取教训。你想成为一个修正错误的人吗？你如何把事情做得更好？
⑥ 为了把事情做得更好，你觉得×××（受害者的名字）需要什么？怎样才可以把事情做好？
⑦ 所以，你已经决定执行×××（协议名称）来解决问题吗？你将如何执行？什么时候开始？
⑧ 让我们练习找到更好的方案。首先，你想做什么或说什么？
⑨ 未来的某个时间，你或许想要欺凌，你会做什么？能否想起曾经想要欺负他人但放弃的决定？

当时是怎么想的？未来还会做同样的决定吗？

美国司法部的"社区导向警务服务机构"（Community Oriented Policing Services, COPS）在报告《校园欺凌》中建议，"欧维斯预防欺凌项目"（Olweus Bullying Prevention Program）提倡的全校参与方案应该被使用。这个方案支持学校培训全体员工，发展应对欺凌的一致性反应，采纳全校执行的反对欺凌条款。这样一个全面解决欺凌的方案比只从一两个方向入手更有效。

> 一个全面解决欺凌的方案比只从一两个方向入手更有效。

强调全校参与方案对修复性管教哲学也至关重要。一个项目，虽被当作善意的，但孤立运行的方案在执行时会产生相反效果，这也为预防欺凌提供了一个反面案例。"社区导向警务服务机构"的报告建议，不要依赖以下策略：

① 同伴调解方案。正如克莱姆森大学的苏·林波警告的那样,欺凌包含强大的孩子对弱小孩子的骚扰。因此,同伴调解方案,通过假设有些孩子更强大,在没有成人干预的情况下,甚至会进一步伤害被欺凌的孩子,进而无法阻止欺凌行为。

② 零容忍政策。"社区导向警务服务机构"在报告中提到,零容忍政策因为不能完全掌握行为需要如何改变并能够改变,反而会导致欺凌者更多的停学次数。如果被停学或者被开除,他们通常有更多无人监管的时间滞留在家或社区。这并不能解决欺凌的问题。

③ 简单地建议受害者不要理会或者勇敢地面对欺凌。学校里没有足够的成人支持并阻止欺凌,这种做法是徒劳的,甚至是危险的。

这些仅仅是在学校环境中采用修复性正义的一些模式和应用。在我们的想象之外,还会有更多的可能。

6

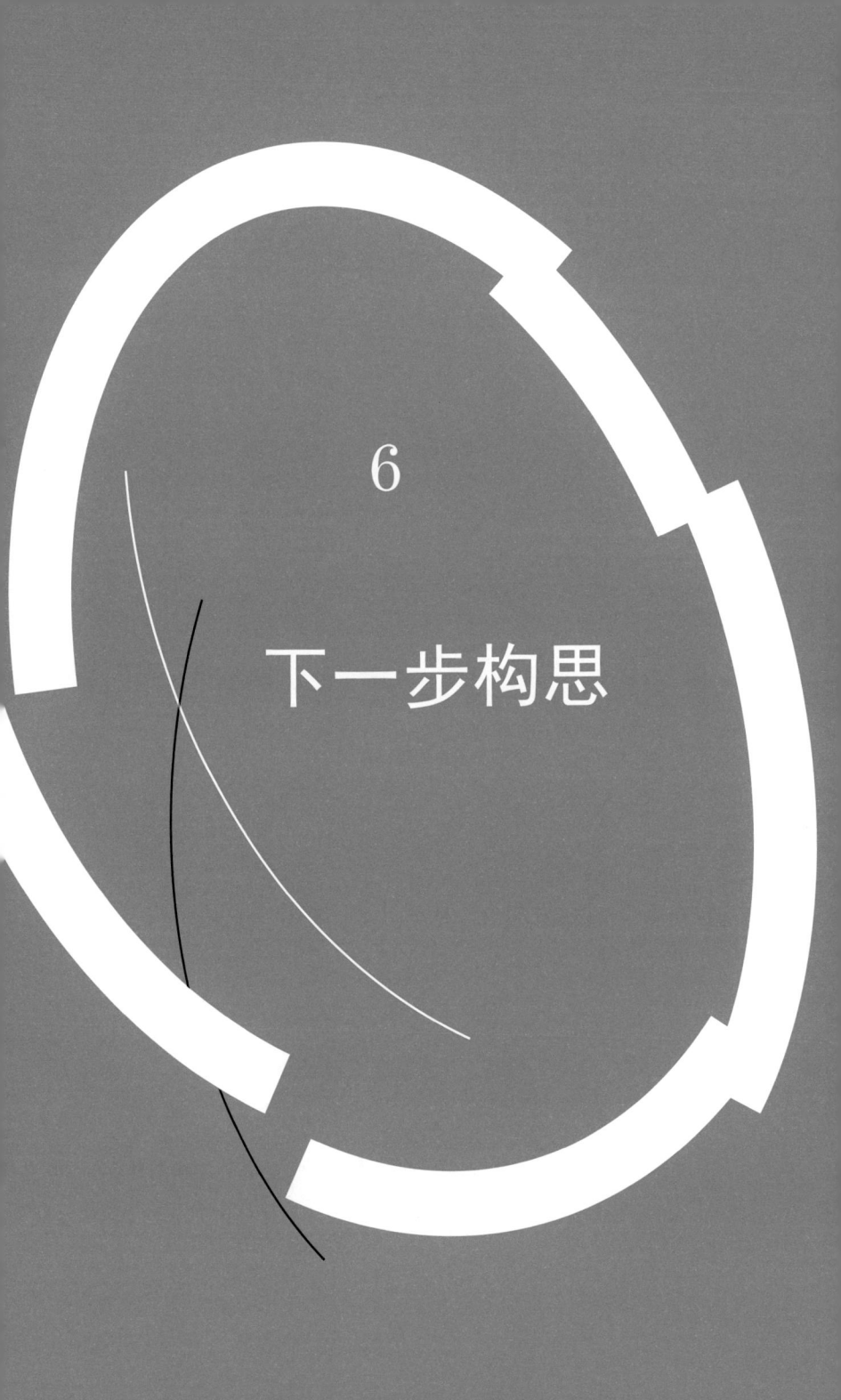

下一步构思

一些学校已经在认真地研究修复性方案的观点。接下来的例子表明了一些可能性。

全校参与方式

> 不当行为最初是对人际关系的冒犯。

在威斯康星州的巴伦县,六个学区采用了全校修复性方案。他们致力于修复性正义,培训所有管理者、教师和员工,在教室、走廊、操场和校外活动中实践修复性正义。学区和巴伦县修复性正义项目合作,引入专门人才担任学校培训人员,还可以在学校职工没办法参与或没时间的情况下准备和推动召开会议或对话圈。

顺便提一下，在访问巴伦县期间，洛林受邀与教师一起参加了一场晨间对话圈。咨询顾问打电话给项目负责人，问她是否愿意主持召开对话圈。召开会议是处于冲突中的六个中学生提出的要求。大家坐在一起，一个小时内，姑娘们都很清晰地理解了对话圈的功能，并开心地看到有协调人出席并引导讨论。

对话圈似乎让姑娘们很满意。会议之后，洛林问她们是如何知道并要求召开对话圈的。一个女孩回答道："我们知道对话圈。有时候就是需要一点帮助来解决个人问题，对话圈是最好的方式。"当追问到如何了解对话圈运作的，他们说道："哦，我们从三年级开始就有了。"

完成了学校员工的修复性正义伦理学培训之后，接下来还有老师们的修复性管教各类实践的培训，比如对话圈和召集会议。一项额外的培训内容是"学习型团队"项目。这给老师们提供了一个能够加入一个小团队的机会，大家可以在课前、课后、午饭期间，甚至是晚饭期间聚在一起学习和讨论学校背景下修复性管教的某个方面。老师们记录在一起的时光,并且能够得到一项补助金来补偿深入理解修复性管教所付出的时间。

"课后特别项目"或者研讨会,同样给学校间提供了交流的机会,大家分享各自的经历并强化知识。"课后特别项目"不仅包含了教育,也包含了合作的部分。

计划执行的最后部分是社区晚餐,用来通知和教育家长以及社区。这是一个提供有关修复性正义伦理学信息的环节,讨论通过校区执行的修复性方案,并争取地方社区成员的支持。

在威斯康星州,威斯康星州公共教学部允许各学校采用修复性正义对话圈,并给予资助。这是奥什科什校区得到的两年资助的第一年,他们正在使用对话圈解决诸如逃学、冲突、故意破坏财产、骚扰等问题,并用对话圈代替了传统的管教方式。

这份资助还为学校教职工提供了一项名为"工程修复"的新方案,让老师们有机会在教室和学校学习并实施修复性实践。试点学校的老师、学生和家长都接受了关于修复性正义基本原理和促进对话圈的培训。[1]

能够起到修复作用的管教

罗克珊·克拉森是加利福尼亚州雷森市雷森市级中学八年级的老师。她和丈夫荣·克拉森一起创立了每天在教室里使用的调停模式。他们还编写了课程"纠正错误",雷森市级小学十年前就采纳了该课程。[2]课程的基本原则帮助创建了和平学校的氛围。在《从原则到实践》这篇文章中,罗克珊写道:

> 大部分的学生问题都不是真正意义上的学校问题,而是人际关系问题。朱迪和丽莎是一对好朋友。但是当两人同时喜欢一个男孩时,矛盾出现了。朱迪不再把丽莎当作朋友,而是存在于她和约书亚之间的威胁。丽莎和约书亚是一个班的,

---

[1] 参见 http://www.oshkosh.k12.wi.us.
[2] 这个课程包括有 32 种活动来教授冲突化解和调解技能。由调停和冲突研究中心、加利福尼亚州夫勒斯诺市太平洋大学提供。参见 http://disciplinethatrestores.org.

有在一起的自然环境。尽管约书亚非常认可朱迪是他的女朋友，但同时也和同班同学丽莎保持着良好的友谊。

当矛盾升级后，三人都不知道该用什么策略来处理。于是，学校里的两个好朋友开始了辱骂、尾随，最终丽莎向朱迪家打骚扰电话。

直到朱迪妈妈到学校向一个她认为可以提供帮助的人咨询时，学校才意识到发生了什么。幸运的是，学校有适合的可修复管教体系。作为一名调解协调人，我被要求联系两个女孩和她们的妈妈，并安排一次会议。她们的问题可以拿出来在会议上公开讨论并寻求解决方案。这是可修复管教原则的第一条，"不当行为首先被看作对人际关系的冒犯，其次是对学校规则的违反（学校规则的制定就是为了保证安全、公正的人际关系）"[1]。

罗克珊接着讲了雷森市级小学每年有33%—45%的毕业生是优秀毕业生。虽然她并不太清楚学生离开

1　*Conciliation Quarterly* 19 (Spring 2000). Mennonite Conciliation Services, MCC U.S., in Akron, PA.

了这样一个成熟的修复性管教体系后会发生什么，但她相信这些相关的方法一定可以在生活中自始至终地帮助他们。

修复性措施

南希·里斯特博格在她的文章《你能找到的助手、管理者、所有老师：学校修复性培训指南》中描述了修复性正义在明尼苏达州的一些学区的实施情况。开始实施是因为对导致大量停学和开除的零容忍政策的忧虑。[1] 最多的资金资助给了四个学区，为他们的"校内行为干预"和"学校员工的修复性培训"项目进行为期三年（1998—2001）的修复性政策实施和评估。学校聘用修复性正义规划师，负责培训管理者运用对话圈程序修复伤害。员工也有课堂管理或对话圈程序的培训，以及为实习律师提供的解决社会、情绪问题与学业问题的培训。

里斯特博格从第一轮资助和评估中报告了三个方面的发现：

1　VOMA Connections no. 13 (Winter 2003). 参见 http://www.voma.org.

❶ 利用对话圈修复伤害的修复性实践是比停学更可行的方法。
❷ 修复性伦理学与实践是由课堂管理和教学应用组成的。
❸ 被聘用的员工在资金用完后不可避免地会离开学区。

一旦资金用完，学校将很难留住修复性正义规划师，结果是修复性实践不能持续下去。因此，专门用于员工发展的第二轮资助将授予一系列申请人，来提升员工和管理者采用修复性实践的能力，并以此作为他们工作的组成部分。迄今为止，已经有超过700人接受了培训，取得了巨大的进展和成果，并正在影响和鼓励着全州。[1]关于青少年积极发展的调查显示，学习环境和个体干预对学生的健康成长同等重要。为培养教育者（助手、管理者和老师）运用行为管理能力解决问题，修复性伦理学和修复性实践措施提供了及时的支持，同时也让学生负责任地解决他们造成的或

---

1 关于明尼苏达学校的修复性措施更多信息联系明尼苏达教育部预防专家南希·里斯特博格（Nancy Riestenberg）。

经历过的伤害。通过提升员工能力，我们获得了更多的长期收益。如果一位成年人可以创造一点不同，那么想象一下，所有成年人一起努力所产生的影响。

公民在行动

《正义学校：全校参与的修复性正义》一书的作者毕林达·霍普金斯描述了在英国学校采用修复性正义价值观和原则的倡议。[1] 她说："某些情况下，学校关注到某些学校参加了刑事和解会议，但并没有理解一个有利于修复、复原和重新融合的环境的重要性。"[2]

毕林达所关心的是，尽管这些修复性程序为倾听、识别伤害（通常还有道歉）创造了机会，但正在进行的赔偿过程忽略了一个更广阔的社区。她总结道，真正的修复性措施是把人际关系置于中心位置，同时从弥补和预防两个维度发挥作用。

---

[1] Belinda Hopkins, *Just Schools: A Whole School Approach to Restorative Justice* (London: Jessica Kingsley Publishers, 2005).

[2] 参见"公民在行动：校园修复性正义"网站 http://www.transformingconflict.org.

一个挑战

在此书的开头，我们讨论了社区建设和社区在学生学习和成长中的重要性。我们也知道生活在社区不容易。这让我想到了帕克·帕默在社区生活了一年后说道："社区是这么一个地方，你总是和你最不喜欢的人生活在一起。"又过了一年后他说道："当你不喜欢的人搬走了以后，立即出现了另外的人来接替他/她的位置。"[1]

这是共同生活在社区的组成部分。德威特·琼斯在他的录像里也提到了这个观点："和这个世界一起庆祝正确的事情。"他说道："和大多数人一样，我从开始生活就一直认为，眼见为实。然而，我在《国家地理》（National Geographic）杂志工作越久，就越发现，我说反了。真正的生活是，只有我相信了我才会看到。生活其实就是这样的。"[2]

这一点是非常重要的，那就是意识到我们都生活

---

[1] 参见"改变社区、冲突和加深我们教育议程的认知方式"网站 http://www.mcli.dist.maricopa.edu/fsd/afc99/articles/changel.html.
[2] 参见 Star Thrower Distribution Corp., St. Paul, MN.

在一个我们可以看见和相信的连续体中。校园修复性管教方法也一样。全校员工共同参与的这种观点涵盖了意识、教育、结构改变和社会风气的建立，但这些对教育者来说，似乎令人不知所措。

> 从你所做的事情开始，并把它做得更好。

但是，我们可以从评估那些已经在使用的修复性方法开始。"从你所做的事情开始，并把它做得更好"应该成为我们的口头禅。让我们相信，当我们为正确的事情庆祝时，我们就会拥有精力、创造力和灵感来改变错误。

推荐阅读

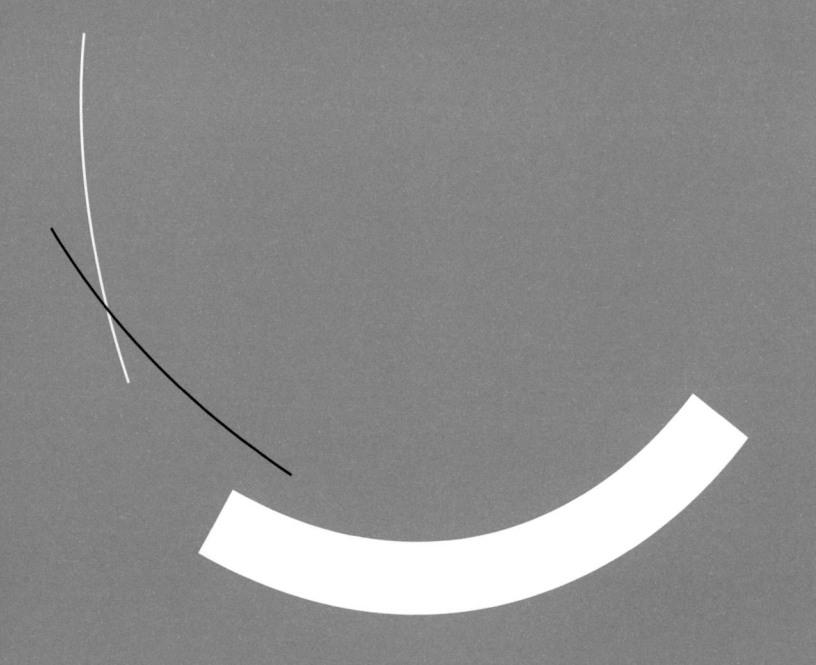

- Alameda County Health Care Services Agency School Health Services Coalition. Restorative Justice: A Working Guide for Our Schools, 2011.
- Bargen, Catherine. Educating for Peacebuilding: Implementing Restorative Justice Principles and Practices in a School System. (Lang-ley, BC, CA: Fraser Region Community Justice Initiatives, 2010).
- Bodine, Richard J. and Donna K. Crawford. The Handbook of Conflict Resolution Education: A Guide to Building Quality Programs in Schools (San Francisco: Jossey-Bass Publishers, 1998).
- Centre for Justice and Reconciliation. Outcome Evaluation—Restorative Justice Online (nd).
- Claassen, Ron and Roxanne Claassen. Discipline that Restores: Strategies to Create Respect, Cooperation, and Responsibility in the Classroom (South Carolina: Booksurge Publishing, 2008).
- Daltan, Joan and Marilyn Watson. Among Friends: Classrooms Where Caring and Learning Prevail (Oakland, CA: Developmental Studies Center, 1997).

- Hendry, Richard. Building and Restoring Respectful Relationships in Schools (NY: Routledge, 2009).
- Hopkins, Belinda. Just Schools: A Whole School Approach to Restorative Justice (London: Jessica Kingsley Publishers, 2004).
- Illlinois Balanced and Restorative Justice (IBRJ). Community through Restorative Practices, 2011.
- Jonas, Trisha S. and Randy Compton. Kids Working It Out (San Francisco: Jossey-Bass; The Association for Conflict Resolution, 2003).
- Kriete, Roxann. The Morning Meeting Book (Greenfield, MA: Northeast Foundation for Children, 2002).
- Morrison, Brenda. Restoring Safe School Communities: A Whole School Response to Bullying, Violence and Alienation (Sydney: Federation Press, 2007).
- Oakland Unified School District. Restorative Justice in Oak-land Schools: Implementation and Impacts, 2014.
- Pranis, Kay and Carolyn Boyes-Watson. Circle Forward: Building a Restorative School Community (St. Paul, MN: Living Justice Press, 2014).

- Redekop, Paul. Changing Paradigms: Punishment and Restorative Discipline (Scottdale, PA: Herald Press, 2008).
- Schiff, Mara. Dignity, Disparity and Desistance: Effective Restorative Justice Strategies to Plug the "School-to-Prison Pipeline", 2013.
- Sellman, Edward; Hilary Cremin and Gillean McCluskey (Eds.). Restorative Approaches to Conflict in Schools: Interdisciplinary Perspectives on Whole School Approaches to Managing Relationships(NY: Routledge, 2013).
- Statement of Restorative Justice Principles as Applied in a School Setting (London: Restorative Justice Consortium, 2005).
- Thorsborne, Margaret & Petta Blood. Implementing Restorative Practices in Schools: A Practical Guide to Transforming School Communities (Philadelphia, PA: Jessica King Publishers, 2013).
- Title, Beverly B. Teaching Peace: A Restorative Justice Framework for Strengthening Relationships (Allen, TX: DelHayes Press, 2011).

- Vaandering, Dorothy. Implementing Restorative Practice in Schools: What Pegagogy Reveals. Journal of Peace Education. Volume 11, Issue 1, 2014.
- Zehr, Howard. The Little Book of Restorative Justice (NY: Good Books, 2002).

译名对照

Bullying	欺凌
Character Education	品格教育
Circle	对话圈
Class Meeting	班级会议
Community	社区
Community Oriented Policing Services	社区导向警务服务机构
Conflict Resolution Education	冲突化解教育
Constructivism	建构主义
Critical Reflection	批判性反思
Discipline	管教
Emotional Literacy	情感素养（教育）
Mediation	调解

Misbehavior	不当行为
Negotiation Corner	谈判角
Offender	加害者
Olweus Bullying Prevention Program	欧维斯预防欺凌项目
Peace Table	和平之桌
Peaceable School	和平学校
Psycho-education	心理教育
Punishment	惩罚
Recovery Room	修复室
Restorative Discipline	修复性管教
Restorative Justice	修复性正义
Suspension	停学
Truancy Mediation	逃学调解
Victim	受害者